KB017280

군더더기 없이
핵심만 담는
쓰기의 기술

CHO KAJOGAKI

by Mikito Sugino

Copyright ⓒ 2016 Mikito Sugino

Korean translation copyright ⓒ 2018 by Samho media Publishing Co.

All rights reserved.

Original Japanese language edition published by Diamond, Inc.

Korean translation rights arranged with Diamond, Inc.

through Shinwon Agency Co.

이 책의 한국어판 저작권은 신원 에이전시를 통한 저작권자와의 독점 계약으로
삼호미디어가 소유합니다. 신 저작권법에 의하여 한국 내에서 보호를 받는 저작물이므로
무단전재와 무단복제를 금합니다.

비즈니스 글쓰기에서 호감을 얻는 최강의 기술

군더더기 없이
핵심만 담는
쓰기의 기술

스기노 미키토 지음 | 정지영 옮김

samho MEDIA

짧고 강력하게 핵심을 전하는
'쓰기의 기술'을 말하다

"지금 말한 것을 요점만 간단히 정리해 주시겠어요?"

학생이나 젊은 비즈니스맨의 이야기를 듣다 보면 말솜씨는 유창하지만 무얼 말하고 싶은 건지 아리송할 때가 있다. 그럴 때 이 질문을 해보면 의미를 이해하지 못하는 이유가 명확해진다. 요점을 간추려보면 확실하지 않은 결론이나 결론에 이르는 과정에서의 모호한 논리가 한눈에 드러나기 때문이다. 또한 그 사람의 사고와 전달력의 수준을 알 수 있다.

나는 미국 실리콘밸리에서 외국계 컨설턴트로서 글로벌 비즈니스의 제일선에 있는 사람들과 일을 해왔다. 유럽 최고의 비즈니스 스쿨인 인시아드(INSEAD)의 MBA 프로그램에서는 전 세계 60개국에서 모여든 차세대 리더들과 함께 공부했는데, 그 과정에서 전달력이 출중한 여러 사람들을 만날 수 있었다. 그들의 공통점은 어떠한 사안의 핵심을 간추리는 능력, 즉 요약하는 능력이 눈에 띄게 뛰어나다는 것이었다.

핵심을 요약해 항목 형태로 문서를 작성하는 것은 영어, 회계, 로지컬 씽킹(Logical Thinking, 논리적인 과정으로 사물을 판단하는 방법)과 어깨를 나란히 할 만큼 세계적으로 중요시되는 기술이다. 실리콘밸리에서 만난 기업가들도 요약의 기술을 적극적으로 활용하고 있었는데, 주로 프레젠테이션의 처음과 마지막 페이지처럼 결정적인 부분에 사용했다. 치열한 시간 경쟁 속에서 목적과 결론을 간결하면서도 설득력 있게 전달해 투자가와 직원들의 마음을 움직이는 노하우가 바로 '요약'에 있었다. 목적과 결론이 불분명한 프레젠테이션을 장황하게 늘어놓다가 상대에게 외면당하고, 애써 얻은 기회를 놓쳐버리고 마는 비즈니스맨들과는 대조적이었다.

프레젠테이션이라고 하면 다채로운 도형과 그래프가 나열된 화려한 이미지를 떠올리는 사람이 많을 것이다. 그러나 그보다 중요한 것이 '말(텍스트)'이다. 말을 간결하고 설득력 있게 정리하는 요약의 질이 프레젠테이션의 성패를 쥐고 있다. 이는 비단 프레젠테이션에만 국한되는 것이 아니라 사람의 마음을 움직이는 커뮤니케이션에 모두 적용된다.

외국계 컨설턴트도 핵심을 간추려 항목 형태로 표현하는 방식을 무기로 삼는다. 경영자를 설득해 행동을 이끌어내고 싶을 때는 도형과 그래프가 아니라 필히 요약하기를 선택한다. 비즈니스 스쿨에서도 같은 방식을 채택하고 있다. 인시아드 MBA 프로그램에서는 학생들의 이력서를 정리해 헤드헌팅 회사에 보내는데, 그 이력서의 양식은 우리가 흔히 알고 있는 박스의 빈칸을 채우는 식이나 문장을 길게 열거하는 방식이 아니라, 요약한 내용을 항목 형태로 간략히 기술하도록 지정하고 있다. 학생들은 자신의 강점을 간결하게 요약함으로써 채용 담당자의 마음을 움직인다.

전 세계 비즈니스 업계의 최전선에서는 정보를 전달하는 유용한 도구로써 요약의 기술을 사용하고 있다. 프레젠테이션에 한정하지 않고 기획서와 보고서 작성, 의사 메모, 회의 간소화 등 온갖 비즈니스 상황에서 적극 활용하는데, 여기에는 공통된

조건이 있다. 고작 몇 줄의 요약된 항목이지만, 반드시 철저하고 정교하게 고안한 것이어야 한다는 점이다.

철저한 사고와 논리적 흐름에 기반해 핵심을 간추려, 간결하고 설득력 있게 정보를 전달함으로써 사람의 마음을 움직인다. 이런 방식을 기존에 우리가 알고 있던 요약과 구별하기 위해 '압축·요약'이라고 부르기로 하자. 이 책의 목적은 그에 대한 구체적이고 실전적인 활용 방법과 노하우를 알려주는 것이다.

이제부터 맞이할 세상은 정보가 과도하게 넘치는 사회다. 과거에는 정보가 부족하면 활동하는 데 제한이 있었다. 그러나 지금은 또 다른 문제에 놓여 있다. 정보 통신 인프라가 발전하면서 인간의 처리 능력을 훨씬 뛰어넘는 정보가 유통되고 있다. 그야말로 정보가 과도한 시대다. 따라서 많은 정보를 길게 전달하는 일의 가치는 낮아지고 있다. 오히려 간결하고 눈에 확 들어오게 전달하는 일, 바로 정보를 선별하고 줄이는 일의 가치가 높아지고 있다. 뉴스 배포 사이트가 늘어날수록 뉴스들을 요약해 소개하는 사이트의 인기가 높아지는 것에는 그런 배경이 있다. 압축·요약은 다가올 시대에서 살아남기 위한 최강의 기술인 셈이다.

앞으로 설명하겠지만 우리는 여러 가지 상황과 환경 탓에 이 같은 요약의 기술을 능숙하게 활용하지 못했다. 우리가 정보를 전달하는 것에는 목적이 있다. 이 목적에 부합하도록 핵심을 간추리려면, 섬세하고 정확하게 내용과 구조를 다듬는 과정이 필요한데, 이제껏 우리는 그저 항목 형태의 문장을 단순히 나열하는 식으로 끝내는 경우가 많았다. 학교에서도 기업에서도 실질적인 요령을 가르쳐주는 곳이 없었다. 요약이 지닌 잠재적인 힘을 간과하고 있었기 때문이다.

그러나 졸업식에서 한없이 이어지는 내빈의 축사처럼, 내용을 장황하게 전달하는 것은 상대에게 외면당하고 질책당해 스스로 낮은 평가를 자초하는 것과 같다. 별것 아니라고 요약의 중요성을 비웃다가 눈앞의 기회를 놓치고 뼈아픈 후회를 하게 될지도 모른다.

고작 몇 줄의 항목으로 정리하는 별것 아닌 일이 내일의 풍경을 바꾼다. 언뜻 보기에는 평범하지만 강력한 힘을 가진 압축·요약의 기술을 익히고 활용함으로써 지금까지와는 차원이 다른 결과를 만들어나가 보자.

스기노 미키토

PART 2

압축 · 요약의 첫 번째 기술, 구조화

PART 3

압축 · 요약의 두 번째 기술, 이야기화

PART 4

압축 · 요약의 세 번째 기술, 메시지화

PART 5

요약의 기술을
더욱 잘 활용하려면

마치는 글

PART 1

|

요약은 왜
최강의 비즈니스 기술인가?

정보 통신 인프라가 발전하면서 인간의 처리 능력을 훨씬 뛰어넘는 정보가 유통되고 있다. 그야말로 정보가 과도한 시대다. 때문에 많은 정보를 길게 전달하는 일의 가치는 낮아지고 있다. 오히려 간결하고 눈에 확 들어오게 전달하는 일, 바로 정보를 선별하고 줄이는 일의 가치가 높아지고 있다.

요약은
왜 최강의 비즈니스 기술인가?

바쁘고 시간이 없을수록
빛을 발한다

외국계 컨설팅 회사의 프레젠테이션 자료 첫 페이지에는 무엇이 있을까? 도형이나 그래프가 아니라 십중팔구 요점을 항목 형태로 간추린 내용이 정리되어 있다. 그 까닭은 무엇일까?

클라이언트 대다수는 기업의 경영자이며, 그들은 눈코 뜰 새 없이 바빠 짜인 일정 속에서 수많은 사안을 결정한다. 도형과 그래프를 이용한 분석과 배경 이야기를 듣기보다는 핵심을 바로 파악하길 원하므로 컨설턴트는 전달할 내용의 요점이 간결하고 매력적으로 보일 수 있도록 정리하는 데 집중한다. 그리고 그 수단으로 선택한 것이 바로 '요약의 기술'이다. 전체 내용의 핵심을 간추리는 일은 프레젠테이션의 성패를 좌우하므로 신입 컨설턴트에게 이 일을 맡기는 법은 없다. 일반적으로 팀의 책임자가 작성한다. 외국계 컨설팅 업계에서 프레젠테이션을 할 때 요약의 기술은 도형과 그래프보다 최우선으로 활용하는 도구다.

같은 내용도 전달 방식에 따라 이렇게까지 바뀐다

요약은 어떤 장점이 있을까? 예를 들어 불고기덮밥을 어필하기 위한 표현으로, 요약하는 방식과 내용을 풀어서 열거하는 방식을 비교해보자(보기 1). 얼핏 보기에는 열거 방식이 정보량도 많고, 설명도 정성스러워 보인다. 그러나 실질적으로는 정보량이 과도해서 오히려 핵심이 쉽게 머릿속에 들어오지 않는다. 읽다 보면 지루해져서 마지막까지 읽지 않을 위험도 있다. 반면에 요약한 글은 담고 있는 내용 자체가 매우 짧고 단순 명료하기 때문에 한눈에 전문을 읽을 수 있으며 핵심이 머릿속에

═════[보기1] **불고기덮밥을 어필하는 표현을 비교한다** ═════

열거하기

불고기덮밥은 상당히 저렴해서 많은 사람이 손쉽게 구매할 수 있다. 따라서 주머니 사정이 가벼운 학생이라도 부담 없이 가게에 들어갈 수 있다. 그리고 불고기덮밥은 조리 시간이 짧으므로 손님에게 금방 음식이 제공된다. 그래서 시간이 별로 없거나 다음 일정이 있는 비즈니스맨이라도 어려움 없이 식사를 할 수 있다. 어린 자녀가 있는 가족에게도 반가운 곳이다. 음식이 나오는 것을 기다리지 못하는 아이도 있기 때문이다. 또한 불고기덮밥은 고기와 야채, 밥이 어우러져 든든한 한 끼가 된다. 여러 번 먹어도 질리지 않아, 아침에 먹었다고 해도 저녁에 또 먹을 수 있다.

요약하기

불고기덮밥의 장점 3가지
1. 저렴하다.
2. 신속하다.
3. 든든하다.

바로 들어온다. 다시 말해 정보량이 많지 않으므로 뇌에서 간단히 처리할 수 있다.

요약은 읽는 이의 정보 처리를 덜어줌으로써 전하고자 하는 핵심을 더욱 빠르고 정확하게 전달하는 쓰기 기술이다. 따라서 애초에 관심이 없었던 상대의 시선을 끌거나 관심을 유도하기에도 효율적이다.

빠르게, 눈에 확 띄게 전달하라

전달하는 정보량만으로 따져보면 열거하는 방식이 요약하는 방식보다 뛰어나다. 그러나 주목할 것은, 많은 정보를 열거하면 정보량이 많아지기 때문에 읽는 이가 그것을 모두 처리하지 못할 가능성이 크다는 점이다. 즉 내용을 다 읽지 않을 가능성이 있다(보기 2). 또한 정보가 부정확하게 처리되므로 물리적으로 '정보'가 전해질지언정 '중심 의미(핵심)'는 전해지지 않을 수

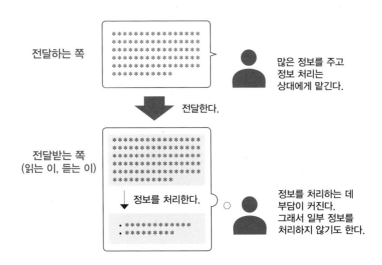

[보기2] **열거하는 방식의 정보 처리 흐름**

전달하는 쪽

많은 정보를 주고
정보 처리는
상대에게 맡긴다.

전달한다.

전달받는 쪽
(읽는 이, 듣는 이)

정보를 처리한다.

정보를 처리하는 데
부담이 커진다.
그래서 일부 정보를
처리하지 않기도 한다.

있다.

반면에 요약하는 방식은 상대가 받는 정보량만 따져보면 전체 내용을 풀어 쓴 방식보다 뒤떨어지지만, 본래 상대가 해야할 정보 처리를 대신해 간결하게 정리하고 취합해준다는 장점이 있다(보기 3). 당연히 읽는 사람은 정보 처리가 한결 수월해지고, 전달하는 쪽이 주안점을 두고 있는 사항을 더욱 명료하게 이해할 수 있다.

요리에 비유하면 이해하기 쉽다. 열거 방식으로 정보를 전달

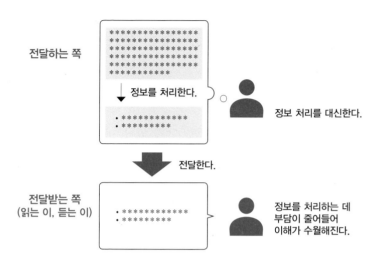

[보기3] 요약하는 방식의 정보 처리 흐름

전달하는 쪽

****
****
****
****
****
****

↓ 정보를 처리한다.

정보 처리를 대신한다.

• ************
• *********

⬇ 전달한다.

전달받는 쪽
(읽는 이, 듣는 이)

• ************
• *********

정보를 처리하는 데
부담이 줄어들어
이해가 수월해진다.

하는 것은 고기, 채소와 같은 식재료를 조리 과정 없이 손님에게 그대로 건네는 것과 같다. 손님은 직접 조리해야 하는 번거로움이 생긴다. 그 상태로는 맛없는 요리가 탄생할 수도 있으며, 귀찮음을 느낀 손님이 아예 재료에 손도 대지 않을 수 있다. 한편 요약한 정보를 전달하는 것은, 셰프가 식재료를 준비한 뒤 손님이 먹기 좋도록 조리해서 음식을 내는 것과 같다. 그러면 손님은 먹는 일, 맛을 느끼는 일에만 열중할 수 있다.

양이 어느 정도나 줄어들기에 정보 처리가 그토록 편해지는 것일까? 앞의 불고기덮밥 설명을 예로 들어 생각해보자. 열거하는 설명은 231자이고, 요약한 설명은 31자다. 글자 수가 7분의 1로 줄었다. 그만큼 빠르고 눈에 확 들어오도록 전달할 수 있다.

정리하면, 요약의 기술은 자료를 받아들이는 이가 정보를 처리하는 부담을 확연히 줄이는 기능을 한다. 그래서 바쁜 사람이나 관심이 없는 사람에게도 효과적으로 내용을 전달할 수 있으며, 그만큼 상대의 마음을 움직일 확률을 높일 수 있다. 단순한 문장 기술이 아니라 사람을 움직이기 위한 정보 처리 기술인 셈이다.

컨설턴트는
요점을 3가지로 정리한다

　요약의 기능을 이해하면 요점별로 정리하기에 적합한 상황과 그렇지 않은 상황을 알게 된다. 요약이 빛을 발하는 때는 상대가 정보를 처리하는 데 시간을 소비하기 원하지 않을 때다. 이를테면 상대가 매우 바쁜 경우 등인데, 결정해야 할 사안이 많은 윗사람에게 올리는 보고서가 전형적인 예다. 또한 판매에 관한 프레젠테이션을 하는 상황처럼 사안에 대한 상대의 관심이 깊지 않을 때도 요약하는 방식이 효과적이다.

　경영 컨설턴트는 무엇이든 '요점을 3가지로 정리하는 능력'이 필요하다. 여기서 중요한 것은 '3가지'가 아니다. 2가지든 4가지든 상관없다. 포인트는 '정리하기', 즉 요점을 간결하게 줄이는 능력이다. 경영 컨설턴트가 상대하는 사람 대다수는 시간적 제약이 있는 바쁜 경영자들이다. 요점별로 정보를 정리해서 전해야, 읽는 사람이 정보 처리에 드는 시간을 아끼고 핵심 내용에 집중할 수 있다.

　반면에 요약하기가 적합하지 않을 때도 있다. 상대가 정보 처리를 굳이 마다치 않는 경우는 요점을 간추리기보다는 많은 내용을 충분히 열거하는 편이 낫다. 예를 들어 상대가 학구파인 데다가 시간적 여유가 충분하고, 자료를 열성적으로 검토하거나 이야기를 잘 들어주는 성향의 사람이라면 풍부한 정보 그대로 열거하는 방식이 효과적이다. 학교에서 쓰는 교과서, 지식과 기술을 배우기 위한 전문서와 기술서 등이 이에 해당한다. 또한 내용을 충분히 배우고 실행으로 옮기려 하는 사람에게도 굳이 요점을 간추려 전달하기보다는 천천히 시간을 들여 상세히 설명해주는 것이 좋다.

정보를 요약하는 방식과 많은 양의 정보를 그대로 열거하는 방식은 상황과 상대에 따라 쓰임을 달리할 뿐, 결코 대립하는 관계가 아니다.

요약의 완성도로 능력이 평가된다

글을 요약하는 기술은 상대방의 관심을 이끌어내는 수단인 동시에 상대가 나를 평가하는 기준이 되기도 한다. '설마 그 정도까지일까…….' 하고 반문하는 사람도 있겠지만, 사실이다.

가령 긴급한 안건에 관해 보고서나 메일을 작성해서 상사에게 보낸다고 하자. 그 속에 처음부터 끝까지 구구절절 내용이 열거되어 있다면 상사는 어떤 반응을 보일까? 분명 끝까지 읽지 않고 대충 훑어보거나 부하 직원을 불러 요점을 말하라고 할 것이다.

비즈니스는 속도가 생명이다. 높은 지위에 있거나 결과를 중시하는 사람일수록 시간을 금처럼 여긴다. 그런 사람은 시간을 소홀히 하는 상대에게 가차 없이 대한다. 기업 경영자를 대상으로 하는 프레젠테이션 자리에서 자료 첫머리에 핵심 사항이 정리되어 있지 않다고 해보자. 프레젠테이션 내용이 아무리 훌륭하더라도 언짢아하며 도중에 이야기를 끊는 경영자의 모습을 볼 수 있을 것이다. 긴급한 상황에서 그처럼 비생산적으로 업무를 수행하면 무능하다는 인상을 심어주어 좋은 결과를 가져올 수 없다.

요약하는 능력이 평가 기준이 되는 것은 비즈니스 분야에만 국한되지 않는다. 가령 인재 채용에 있어서도 평가의 지표가 될 수 있다. 채용 담당자 중에는 입사 지원서나 이력서에 항목별로 기재된 내용의 완성도가 부실하면 "채용해서 일을 시켜도 정보 전달이 매끄럽지 않겠군." 하고 판단하는 사람도 있다. 전달 방식 하나로 그 사람의 장래가 좌우되는 것이다.

바쁜 일정을 소화하며 시간적 효율을 중시하는 상사와 경영자, 채용 담당자는 의식적이든 무의식적이든 '핵심 내용을 간추리는 데 미숙한 사람은 중요한 일을 하지 못한다.'라는 공통된 인식을 가지고 있다. 눈길을 잡아끄는 압축된 문장으로 간결하게 핵심을 정리할 수 있어야 그들의 마음을 움직일 수 있다는 의미다.

이렇듯 아직 성과를 내기 위한 생산적인 기술을 습득하지 않은 상태에서 요약의 완성도로 사람을 평가하는 일에는 어느 정도 합리성이 있다. 겨우 몇 줄의 문장으로 내가 평가될 수 있음을 기억하자.

글을 요약하는 것은

단순한 문장 기술이 아니라

사람을 움직이기 위한 정보 처리 기술이다.

외국계 컨설팅 업계의 프레젠테이션에서

요약의 기술은

도형과 그래프보다

최우선으로 활용하는 도구다.

전달하는 방식에도
습관이 있다

지금까지 살펴본 바에 의하면, 요약이란 말하려는 바를 간결하고 매력적으로 전할 수 있는 수단인 동시에 사람의 마음을 움직이는 기술이며, 개인 능력을 가늠하는 지표가 되는 중요한 커뮤니케이션 기술이다. 그럼에도 불구하고 우리는 요약의 기술을 과소평가하며 적극적으로 활용하지 않았다. 어째서일까?

그 이유는 위험을 회피하고자 하는 마음에서 찾을 수 있다. 우리가 누군가에게 꼭 전해야 할 사실이나 의견에는, "당신이 해결해야 할 것은 ○○이다.", "좀 더 △△를 하는 편이 낫다." 등의 쓴소리처럼 상대로서는 받아들이기 불편한 내용이나 비판적 견해가 종종 포함되기 마련이다.

이처럼 상대가 불편해하거나 상처 받을 수도 있는 내용이기에 더욱 신경 써서 전달할 필요가 있는데, 이때 꼭 필요한 내용만 간추려 전하는 요약은 상대의 기분을 불편하게, 나아가 불쾌하게 만들 위험이 크다. 의미가 지나치게 직설적으로 전해질 수 있기 때문이다. 많은 장점에도 불구하고 요약의 기술이 우리에게 외면받아 온 가장 큰 이유가 이것이다.

그러나 듣기 싫은 이야기일지라도 상대가 반드시 알아야 할 내용, 상대에게 필요한 이야기라면 일시적으로 관계가 악화되는 한이 있더라도 전하는 것이 상대뿐만 아니라 모두의 발전을 위해 타당하다. 많은 나라와 문화에서는 이미 이 같은 전달 방식이 자연스럽고 유용한 소통 방식으로 통용되고 있다.

인시아드에서 배운 이상적인 커뮤니케이션의 모습

인시아드(INSEAD, 유럽 최고의 비즈니스 스쿨)의 MBA 프로그램에는 흥미로운 강의가 많다. 그중 하나가 내가 선택 과목으로 수강했던 국제 비즈니스 강의다. 강의의 목적은 국가와 지역에 따른 시장 특성과 비즈니스 상관습 등을 배우고, 태어나고 살아온 국가나 지역의 고정관념으로 생각하는 가치관을 재정립하는 일이었다.

수강생들의 반응이 가장 좋았던 것은 어느 동영상을 보는 시간이었다. 미국, 중국, 일본 등 각국에서 온 글로벌 기업의 직원들이 한자리에 모여 긴급회의를 하는 모습을 재현한 영상을 시청했다. 그것을 보고 마찬가지로 세계 각국에서 모인 학생들이 토론하는 시간을 가졌다.

영상에서는 각국에서 대표자가 한 사람씩 참여했는데, 일본만은 영어를 하지 못하는 나이 지긋한 상사와 소극적인 태도로 조심스럽게 영어를 구사하는 젊은 부하 직원이 함께 참여했다. 일본에서 온 두 대표자가 긴급한 사안에 대해 그 자리에서 결정을 내리지 않고 뭐든지 "돌아가서 차후에 검토하겠습니다." 라고 미소 지으며 대답하던 모습이 선명하게 기억난다.

이 수업을 담당했던 교수, 일본 기업과 비즈니스를 한 경험이 있는 타국 학생, 그리고 나 이렇게 3명은 일본과 다른 나라의 비즈니스 상관습이 어떻게 다른지 토론한 적이 있다. 이때 다 함께 협력해서 화이트보드에 정리했던 그래프가 〈보기 4〉 이다.

그래프가 나타내는 바는 간단하다. 많은 국가에서는 적극적으로 의견을 개진하는 과정에서 발생하는 충돌을 통해 성과를 만들어낸다. 반면 일본에서는 토론 중 의견을 부딪치는 일이 다른 나라와 비교해 일부밖에 허용되지 않으며, 일정 수준을

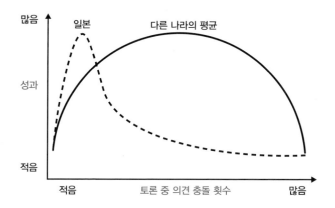

넘어 의견이 충돌하면 오히려 성과가 급격히 저하되는 양상을 보였다. 즉 의견을 지나치게 솔직히 밝히는 것이 성과로 이어지는 경우가 적다는 뜻이다.

담당 교수가 말하길, 그 이유는 일본에서는 '의견'과 '인격'을 동일시하는 경향이 다른 국가보다 강한 것에서 찾을 수 있다고 한다. 이런 경향 속에서 의견이 충돌하고 상대 의견을 부정하는 토론이 계속되면 어떻게 될까? 의견을 부정당한 사람은 자기 자신이 부정당했다고 느껴 상대를 적대시하게 된다. 처지가 바뀌어도 마찬가지다. 의견을 부정한 사람 역시 그 상대를 멀리하게 된다. 그렇기에 솔직한 의견을 주고받더라도 그것이 성과를 창출하는 경우가 그리 많지 않다는 것이다.

물론 이 비교는 절대적이라고 말할 수 없다. 국가 간의 차이를 떠나 사람에 따라서도 다르며, 세부적으로 들여다보면 비논리적인 부분도 있기 때문이다. 다만 현 주제에 대한 이해를 돕기 위해 포괄적으로 말하자면, 일본 사회의 커뮤니케이션에서 의견을 솔직하게 표명하는 일은 그리 환영받지 못했다고 할 수 있다.

현재 우리에게는
요약의 기술이 필요하다

솔직한 의견이 성과를 창출하지 않는 사회에서 요약으로 전달하는 방식은 때에 따라 의견을 과도하게 전하는 측면이 있었던 것이 사실이다. 때문에 그 같은 방식을 활용하지 않는 것이 어느 정도는 합리적이었다고 볼 수 있다.

그러나 지금은 시대가 바뀌었다. 현재와 앞으로 진행될 미래 사회는 거대한 정보가 세계 도처에서 시시각각 쏟아지는 사회다. 언제부터인가 빅데이터나 인공지능이라는 말이 유행하고 있는데, 그 전제에는 거대한 정보량을 처리하기에 인간의 능력이 부족하다는 시대적 흐름이 존재한다. 대량의 정보를 처리하는 기술에 이목이 쏠리며, 인간이 아닌 기계가 스스로 학습해 정보를 처리하는 기술이 주목받는 이유다. 이는 선택의 문제가 아니라 사회적으로 돌이킬 수 없는 현상이다.

정보가 과다한 시대이기에 대량의 정보를 길게 전달하는 일은 가치가 줄어들고 있다. 오히려 간결하고 한눈에 확 들어오도록 가공하는 것, 즉 정보를 선별하고 줄이는 일의 가치가 높아지고 있다. 그렇기에 요약의 기술은 지금의 시대에서 정보를 전하는 최강의 생존 기술이라고 할 수 있다.

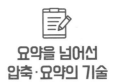

요약을 넘어선
압축·요약의 기술

지금까지 우리가 요약의 기술을 적극적으로 사용하지 않은 배경에는 어느 정도 합리적인 이유가 있었음을 살펴보았다. 설사 요약을 한다 해도, 형식적으로는 정리된 듯 보이지만 단순히 정보량이 줄어들었을 뿐 의미가 불명확한 경우, 핵심을 제대로 담지 못한 경우가 많았다.

하지만 여기서 말하는 요약의 기술은 다르다. 간결하게 핵심을 간추린 설득력 있는 내용으로 사람의 마음을 움직인다. 이렇게 차별화된 요약의 개념을 '압축·요약'이라고 부르기로 하자. 그렇다면 일반적인 요약과 압축·요약은 구체적으로 어떤 차이가 있을까?

일반적인 요약은 단순히 내용을 짧게 줄여 항목 형태로 나열하는 것에 그치는 데 반해, 압축·요약은 항목으로 나열하는 것 외에 3가지 기술적인 요소가 첨가되어야 완성된다. 여기서 3가지 기술적 요소란 구조화, 이야기화, 메시지화이다(보기 5).

구조화란 내용을 전달받는 사람이 해당 사안의 전체 틀을 단

[보기5] 압축·요약하기에 필요한 3가지 기술적 요소

구조화	읽는 이가 전체 모습을 한눈에 이해하게 한다.
이야기화	읽는 이의 관심을 유도해서 끝까지 읽도록 만든다.
메시지화	읽는 이의 마음을 흔들어 행동을 이끌어낸다.

숨에 이해하도록 하는 것이다. 세부적인 내용이 아무리 뛰어나도 전체 틀이 먼저 머릿속에 그려지지 않으면 선뜻 눈길이 가지 않는다. 이때 구조화는 문서를 읽는 이가 전체적인 모습을 단숨에 이해할 수 있도록 내용의 줄기와 가지를 정리한다.

이야기화란 읽는 이의 관심을 유도해 마지막까지 집중할 수 있게 만드는 것이다. 상대가 읽을 마음이 들어 내용을 보기 시작한다고 해도, 그 속에 빠져들지 못하고 도중에 흥미를 잃어버리면 아무것도 전달할 수 없다. 이야기화에서는 상대가 관심을 유지하며 끝까지 자료를 검토할 수 있도록 그 사람의 입장과 감정을 고려해서 전체 흐름을 만든다.

메시지화란 상대의 마음을 움직여 행동으로 이어지게끔 고무시키는 일이다. 모든 내용을 읽었음에도 작성자가 전하고자 하는 것이 선명하게 와닿지 않았다면, 그것은 '전했다'고 할 수 없다. 의미가 전해지지 않으면 사람의 마음도 움직이지 않는다. 메시지화에서는 상대의 마음을 흔들 수 있도록 각 문장의 표현을 다듬는 과정을 거친다.

그러면 이제부터 압축·요약의 구조화, 이야기화, 메시지화를 자세히 알아보자.

빅데이터나 인공지능이라는 말의 전제에는

거대한 정보량을 처리하기에

인간의 능력이 부족하다는 시대적 흐름이 존재한다.

핵심이 한눈에 잡히도록

간결하게 가공하는 것,

정보를 선별하고 줄이는 일의 가치가 높아지고 있다.

그렇기에 압축·요약의 기술은 지금의 시대에서

정보를 전하는 최강의 생존 기술이다.

PART 2

—

압축 · 요약의 첫 번째 기술, 구조화

구조화는 문서를 읽는 이가 사안의 전체 틀을 한눈에 확인할 수 있도록 하는 작업이다. 세부 내용이 아무리 훌륭해도 전체적인 틀이 먼저 드러나지 않으면 읽는 사람의 마음을 열기 어렵고 어느 것도 제대로 전할 수 없다.

압축·요약의 첫 번째 기술
구조화

바람직하지 않은 요약 :
정리되어 있지 않다

압축·요약을 완성하는 첫 번째 기술은 구조화다. 신입사원 A씨를 예로 들어 살펴보자. A씨는 영업 팀에서 회의한 내용을 상사에게 다음과 같이 메일로 보고했다(보기 6). 여러 프로젝트를 관리하며 시간에 쫓기는 상사는 많은 내용이 장황하게 열거된 메일은 자세히 읽지 않는 편이다. 그래서 A씨는 보고 내용을 최대한 간략히 정리하기로 했다.

메일의 항목들은 A씨가 상사에게 전달하고 싶은 내용이다.

- 영업하는 인원이 부족하다.
- 강력한 경쟁 상품의 등장으로 고전하고 있다.
- 문의에 대응하는 콜센터 내의 교육이 늦어지고 있다.
- 영업부에 한시적으로 인력이 늘어날 것이다.
- 그 외의 일은 영업부가 경영 회의에 보고하여 해결책을 모색한다.

각 문장은 명료하고 알기 쉽게 쓰여 있다. 짧은 항목 형태로 쓰여 있으므로 장황하게 열거해 놓은 것보다 읽기 수월하다.

그러나 전체적으로 봤을 때 중요한 점이 무엇인지 한눈에 들어오지 않는다. 이 회의에서는 무엇을 논의해서 어떤 결정을 내렸는가? 그것이 자신(상사)과 어떤 관계가 있는가? 핵심은 무엇인가? 5개의 문장이 있는데, 이 모두가 핵심인가? 그렇다면 그 5개의 핵심은 자신과 어떤 관계가 있는가?

쓱 보기만 해서는 회의의 전체 흐름이 파악되지 않는다. 만약 상사가 피곤한 상태라면 '뭔가 맥락 없는 메일이 왔네.' 하는 감상과 함께 그냥 지나칠 가능성이 크다. 더구나 'A씨는 요령이 부족하군.' 하고 생각할지도 모른다. 상사는 부하 직원이 보낸 두서없는 메일 내용을 다시 정리해서 눈여겨볼 정도로 한가하지 않다. 바꿔 말해, 상사의 입장에서 자신에게 정보를 처리하게 만드는 부하 직원은 극도의 귀찮음을 안겨주는 존재다. 결국 메일을 확인한 상사는 A씨의 잘못을 지적하는 것 말고는 어떤 언동도 취하지 않을 것이다.

그러나 같은 내용이라도 〈보기 7〉과 같은 형태로 정리한다면 어떨까? 핵심이 명확하게 드러나고 전체적인 틀이 직감적으로 파악되지 않는가? 아마 상사도 외면하지 않고 제대로 읽어볼 것이다. 이 두 메일에서 보인 요약의 차이점은 구조화가 되어 있느냐 그렇지 않느냐에 있다. 이제부터 그 원리를 순서대로 차근차근 살펴보자.

━━━━━━━━━ [보기7] **구조화한 압축 · 요약** ━━━━━━━━━

- **3가지 문제점이 논의되었다.**
  - 영업하는 인원이 부족하다.
  - 강력한 경쟁 상품의 등장으로 고전하고 있다.
  - 문의에 대응하는 콜센터 내의 교육이 늦어지고 있다.

- **2가지 대응책이 정해졌다.**
  - 마케팅부가 영업부에 한시적으로 인력을 지원해줄 것이다.
  - 그 외의 일은 영업부가 경영 회의에 보고하여 해결책을 모색한다.

전체 틀을 구조화하면 의미가 단숨에 전해진다

앞선 〈보기 6〉의 문제점은 구조화가 되어 있지 않다는 것이다. 구조화란 문서를 읽는 이가 사안의 전체 모습을 한눈에 이해할 수 있도록 하는 작업이다. 내용이 아무리 훌륭해도 전체적인 틀이 먼저 드러나지 않으면 상대의 마음을 열기 어렵고 어느 것도 제대로 전할 수 없다.

그렇다면 구체적으로 무엇을 어떻게 해야 할까? 항목을 단순히 나열하는 데 그치지 말고, 하나하나의 순서에 의미를 담아 구조를 짜야 한다. 전하려는 요점을 큰 줄기로 잡고, 이를 보충할 내용을 잔가지처럼 덧붙여 정리하는 이미지를 떠올려보자. 줄기가 되는 요점이 복수일 때는 그들 사이에 연결고리를 만들어야 한다. 이를 통해 문서를 읽는 사람은 각 문장의 내용뿐 아니라, 전체 구조에서도 의미를 발견할 수 있다. 어떤 부분이 중요하고 그 사이에는 어떤 연관이 있으며, 전체적으로 무엇을 말하려고 하는지 즉각 파악할 수 있다.

사람의 마음을 움직이기 위해서는 단순히 작성자 중심의 나열이 아니라, 문서를 읽고 이해하는 사람의 관점에서 전체 모습이 한 번에 드러나는 구조화가 이루어져야 한다.

구조화는 단계를 구성하는 일이다

구조화는 전하고자 하는 내용(항목)을 성격에 따라 정리하는 것, 즉 단계를 나누고 구성하는 일이다. 기본적으로 '전하려는 내용'과 '전하려는 내용의 상세·보충'으로 항목을 구분하고 서로 연관되는 것끼리 묶은 다음, 일정한 기준에 맞춰 나열한다 (보기 8).

문제는, 성격별로 항목을 정리해 단계를 구성하려고 해도 실제로 해보면 그리 간단하지 않다는 사실이다. 그래서 이를 위한 3가지 요령을 소개하고자 한다. '자동사와 타동사를 구분하기, 직렬과 병렬로 생각하기, 거버닝'이라는 3가지 구조화 요령을 지금부터 살펴보자.

- 전하고 싶은 내용 1
- 전하고 싶은 내용 2
- 전하고 싶은 내용 3
- 전하고 싶은 내용 4
- 전하고 싶은 내용 5
- 전하고 싶은 내용 6
- 전하고 싶은 내용 7
- 전하고 싶은 내용 8
- 전하고 싶은 내용 9

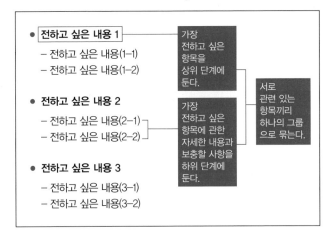

비슷한 내용은
하나로 정리한다

그럼 이제부터 본격적으로 단계를 정리해보자. 제일 먼저 할 일은 개개의 항목을 그룹으로 묶는 일, 즉 그룹화하는 일이다. 그룹화의 대원칙은 전하려는 중심 내용과 그를 보충하는 내용을 하나의 그룹으로 묶는 것이다.

중심 내용과 보충 내용이 아직 구분되어 있지 않다면 먼저 의미가 비슷한 항목끼리 그룹으로 묶으면서 정리해간다. 그러면 그룹을 보기만 해도 전하고 싶은 요점이 몇 가지이며, 그것이 어떤 내용을 말하고자 하는지 빠르게 파악할 수 있다. 가령 그룹화가 되어 있지 않은 10개의 문장을 읽고 전체 모습을 단숨에 이해하기는 어렵다. 하지만 10개 문장이 3개 그룹으로 정리되면 3가지 내용을 이해하기만 해도 대략의 흐름을 파악할 수 있다.

그렇다면 어떤 기준으로 분류해야 상대가 이해하기 쉽도록 그룹화할 수 있을까? 맨 처음 정리해야 할 것은 '상태를 나타내는 문장'과 '행위를 나타내는 문장'을 나누는 일이다. 이렇게 하는 이유는 상태를 말하는 문장과 행위를 말하는 문장을 봤을 때 우리가 떠올리는 이미지가 다르기 때문이다.

가령 '요리'라는 단어에서 어떤 이미지가 연상되는가? '요리가 있다.'라고 상태를 표현하면 정지된 화면, 즉 사진이 떠오르지만, 'ㅇㅇ을 요리한다.'라는 행위를 표현하면 동영상이 연상될 것이다(보기 9).

사진인지 동영상인지 판단하는 일도 상대로서는 정보를 처리하는 하나의 과정이 되어 부담이 된다. 그 부담을 줄이기 위해서라도 상태를 말하는 문장과 행위를 말하는 문장을 구분할 필요가 있다.

━━━━ [보기 9] **상태 표현과 행위 표현에 따른 정보의 처리** ━━━━

이렇게 그룹화하면 전체의 상황이 쉽게 파악된다. 만약 "스테이크가 있다. 샐러드가 있다. 수프가 있다."라고 한다면 저녁 식사 테이블이 차려진 상태(사진)를 상상할 수 있다. 또한 "햄버거를 만든다. 샐러드를 만든다. 수프를 만든다."라고 하면 조리하는 행위(동영상)를 떠올릴 것이다.

그러나 하나의 그룹에 상태를 표현하는 문장과 행위를 표현하는 문장이 섞여 있으면 상대는 그룹이 뜻하는 이미지를 쉽게 떠올리지 못해 전체상을 빠르게 파악하기 어렵다. 예를 들어 "스테이크가 있다. 샐러드를 만든다. 수프가 있다."라고 하면 이미지가 혼재되므로 그 그룹이 어떤 의미를 지니고 있는지 찾지 못한다. 상태를 말하는 문장과 행위를 말하는 문장을 분류해서 그룹으로 묶어야 하는 이유가 이 때문이다.

그런데 여기에는 장애물이 있다. 문장이 모호하면 그것이 상태를 의미하는지, 행위를 의미하는지 알 수 없다는 것이다. 결과적으로 정보를 전달하는 측도 그룹을 잘못 묶게 되고, 정보를 전달받는 사람 또한 전체 모습을 제대로 이해하기 어려워진다.

자동사와 타동사를 구분해서 쓴다

구조화의 첫 번째 요령인 '자동사와 타동사 구분해 쓰기'는 이러한 모호함을 없애고 좀 더 쉽게 그룹화하기 위한 과정이라고 할 수 있다.

어느 순간의 정지 화면, 즉 상태를 말하려면 자동사를 사용해 문장을 만든다. 어느 순간의 동영상, 즉 누군가가 행동을 취하는 행위를 말하려면 타동사를 사용해 문장을 만든다. 즉 '상태를 전달하는 자동사 문장 그룹'과 '행위를 전달하는 타동사 문장 그룹'으로 나누는 것이다. 요령은 이것뿐이다. 이를 통해 항목을 간단히 그룹화할 수 있고, 문서를 읽는 사람 또한 그룹에 담긴 의미를 빠르게 파악할 수 있다.

그렇다면 자동사와 타동사란 무엇이며, 어떤 차이가 있을까(보기 10)? '떨어지다'와 '떨어뜨리다'를 한번 비교해보자. '떨어지다'는 자동사이며, '컵이 떨어지다.'라는 문장은 컵이 떨어지는 현상을 뜻한다. 여기에 누가 컵을 떨어뜨렸는지 등의 행위나 인과관계는 드러나 있지 않다. '떨어진 컵'처럼 명사로 끝나

는 표현도 있는데, 이는 '떨어진 컵이 있다.'라는 문장의 축약형
이다. 여기서는 어느 순간의 상태를 나타낼 때는 자동사를 사
용한다는 전제를 두고 이야기를 진행하겠다.

　반면에 '떨어뜨리다'는 타동사다. '내가 컵을 떨어뜨렸다.'라
는 문장은 주어인 '내'가 목적어인 '컵'을 '떨어뜨렸다'는 행위를
의미한다. 또한 컵이 떨어진 원인이 나에게 있다는 인과관계를

━━━━━ [보기 10] **자동사와 타동사의 차이** ━━━━━

자동사	● 컵이 떨어진다. ● 볼펜이 있다. ● 나는 놀랐다. ● 기계가 멈췄다.
타동사	● 내가 컵을 떨어뜨렸다. ● 내가 볼펜을 놓아두었다. ● 친구가 나를 놀라게 했다. ● 공장장이 기계를 멈추게 했다.

***　**국립국어원에 등재된 '자동사'와 '타동사'의 정의**

　자동사 : 동사가 나타내는 동작이나 작용이 주어에만 미치는 동사. '꽃이
피다.'의 '피다', '해가 솟다.'의 '솟다' 따위이다.

　타동사 : 동작의 대상인 목적어를 필요로 하는 동사. '밥을 먹다'의 '먹다',
'노래를 부르다'의 '부르다' 따위이다.

포함하고 있다. 문장을 읽는 상대가 '떨어지다'처럼 특정 순간의 상태를 떠올렸으면 하는가? '떨어뜨리다'처럼 행위나 그로 인한 인과관계를 떠올렸으면 하는가?

자동사와 타동사는 같은 동작을 설명하면서도 각기 다른 뉘앙스를 내포한다. 가까운 예로, 컵을 떨어뜨린 아이의 변명을 들어보면 이해가 쉽다. 컵을 떨어뜨린 아이는 "컵이 떨어졌다."라고 상태를 나타내는 자동사를 사용해 부모에게 말할 것이다. 부모에게 혼나고 싶지 않기 때문이다. 그에 반해 "컵을 떨어뜨렸다."라고 타동사를 사용하면 아이의 행위가 원인이라는 사실에 초점이 맞춰진다. 같은 동작을 설명할지라도 자동사를 사용하면 인과관계가 모호해진다. 그래서 책임을 회피하고 싶을 때 '떨어졌다'와 같은 자동사를 사용하는 것이다.

다시 정리해보자. 상태를 전달하고 싶다면 자동사를 사용하고, 행위나 그로 인한 인과관계를 전달하고 싶다면 타동사를 사용한다. 이를 전체적으로 통일하고, 그룹화를 하는 데 하나의 기준으로 삼으면 보다 쉽게 구조화를 이룰 수 있을 것이다.

자동사를 사용할 때는
특히 주의를 기울이자

그렇다면 다시 신입사원 A씨의 메일 내용으로 돌아가 보자. 첫 번째 문장에서 네 번째 문장까지 자동사를 사용해 상태를 전달하고 있다. 반면에 마지막 문장은 타동사를 사용해 행위를 전달한다. 따라서 처음 네 문장을 하나의 그룹으로 묶고, 마지막 한 문장은 단독으로 둔다. 이렇게 하면 언뜻 구조화가 잘 된 듯 보인다(보기 11).

그러나 여기에는 함정이 있다. 바로 네 번째 항목인 '영업부에 한시적으로 인력이 늘어날 것이다.'라는 문장이다. 첫 번째 항목 '영업하는 인원이 부족하다.'에서 알 수 있듯이 영업부에는 직원이 부족하다. 그런데 뒤에서 '한시적으로 인력이 늘어날 것이다.'라고 되어 있다. 결국 이 문장의 배후에는 '영업부에 인원이 부족하므로 누군가가 인력을 지원해줄 것이다.'라는 대응책이 잠재되어 있다.

원래는 행위를 나타내기 위해 '인력을 지원해줄 것이다.'라고 해야 할 부분을 '인력이 늘어날 것이다.'라는 자동사를 사용하

자동사(상태) 그룹

- 영업하는 인원이 부족하다.
- 강력한 경쟁 상품의 등장으로 고전하고 있다.
- 문의 대응에 대한 콜센터의 교육이 늦어지고 있다.
- 영업부에 한시적으로 인력이 늘어날 것이다. ── ?

타동사(행위) 그룹

- 그 외의 일은 영업부가 경영 회의에 보고하여 해결책을 모색한다.

고 있는 것이 문제다. 그 결과 네 번째 문장에는 '직원이 부족한 와중에 어떻게 직원을 늘리는가?'라는 정보가 빠졌다.

대응책 같은 행위를 전달하고 싶다면 자동사가 아니라 타동 사로 표현해야 한다. 그렇지 않으면 그룹을 잘못 묶게 될 뿐 아 니라 중요한 정보를 누락할 수도 있다. 다시 강조하지만 행위 를 표현할 때는 타동사를 사용한다. 타동사를 사용하면 행위의 목적이 분명해지기 때문이다. 앞의 예시처럼 자동사를 잘못 사 용하면 목적어가 사라지고 때론 주어도 사라진다. 그 결과 전 달해야 할 중요한 정보를 빠뜨릴 수 있으므로 단계를 구성하는 작업이 어려워진다.

방금 살펴본 신입사원 A씨의 메일 내용은 다음과 같이 다시 그룹화할 수 있다(보기 12). 네 번째 항목의 '영업부에 한시적으

━━ **[보기 12] 자동사와 타동사를 정리하고 구분해서 개선한 예시** ━━

- 영업하는 인원이 부족하다.
- 강력한 경쟁 상품의 등장으로 고전하고 있다.
- 문의 대응에 대한 콜센터의 교육이 늦어지고 있다.
- 영업부에 한시적으로 인력이 늘어날 것이다.
- 그 외의 일은 영업부가 경영 회의에 보고하여 해결책을 모색한다.

자동사(상태) 그룹

- 영업하는 인원이 부족하다.
- 강력한 경쟁 상품의 등장으로 고전하고 있다.
- 문의 대응에 대한 콜센터의 교육이 늦어지고 있다.

타동사(행위) 그룹

- 마케팅부가 영업부에 한시적으로 인력을 지원해줄 것이다.
- 그 외의 일은 영업부가 경영 회의에 보고하여 해결책을 모색한다.

로 인력이 늘어날 것이다.'라는 자동사 문장을 '마케팅부가 영업부에 한시적으로 인력을 지원해줄 것이다.'라는 타동사 문장으로 바꾸었다.

핵심은 2가지다. 기존 문장에는 '영업부에 인력을 지원하는 주체'라는 중요한 부분이 빠져 있다. 그 '주체'를 먼저 생각해보자. 바로 영업부와 서로 협력하는 마케팅부다. 그리고 자동사를 타동사로 바꾸면서 단순히 '~을 늘릴 것이다'의 형태로 수정하는 것이 아니라, 그 행위가 더욱 정확하게 전달되도록 '~을 지원해줄 것이다'라고 고쳤다. '늘릴 것이다'로는 사람 수라는 상태의 증감밖에 알지 못하지만 '지원해줄 것이다'로 바꾸면 행위가 좀 더 구체적으로 나타난다.

따라서 세 번째 문장까지는 영업의 현황을 전달하고, 네 번째와 다섯 번째 문장은 문제 상황에 대한 대응책을 말하는 두 그룹으로 나눌 수 있다.

이렇게 전달하기만 해도 보고를 받는 상사가 한결 간편하게 정보를 처리할 수 있다. '마케팅부가…'라는 주어를 읽은 순간 마케팅부 책임자에게 감사 메일을 보낼지도 모른다. 그것만으로도 타동사를 사용하는 의미가 있다.

그런데 A씨는 행위를 나타내야 할 문장에 왜 자동사를 사용했을까? 이것은 언어학적으로 생각할 수 있다. 일본어는 영어

에 비해 주어나 목적어를 생략하고 자동사를 사용하는 경우가 많다. 가령 일본어에서는 '놀랐다(驚いた)'처럼 주어나 목적어를 넣지 않고 자동사를 사용해서 상태를 표현하는 일이 많은 반면, 영어에서는 '그가 나를 놀라게 했다(He surprised me)'처럼 주어나 목적어를 넣어서 타동사로 행위를 표현하는 일이 많다(한국어도 일본어와 유사하게 자동사를 활용하는 일이 많음).

이론언어학을 연구하는 하타케야마 유지 교수(도쿄 농공대학)에 따르면 이것은 문화적인 차이에서 비롯되는 것이라고 한다. 책임을 회피하는 문화 탓에 일본어는 자동사로 표현하는 일이 많다는 것이다. 앞서 설명한, 컵을 떨어뜨린 아이가 부모에게 혼나지 않기 위해 '컵을 떨어뜨렸다.'가 아니라 '컵이 떨어졌다.'라고 말하는 경우가 전형적인 예다.

내용을 장문으로 열거하는 경우에는, 타동사를 사용해야 할 부분에 자동사를 사용해도 별 문제가 되지 않는다. 정보량이 많으므로 전후 맥락을 헤아려 충분히 의미를 파악할 수 있기 때문이다. 그러나 압축·요약에서는 그렇지 않다. 요약의 목적은 정보량을 줄여 정보 처리의 부담을 줄이고 핵심을 전하는 데 있다. 그 와중에 자동사와 타동사를 잘못 사용하면 의미가 부정확하게 전해질 수도 있으므로 각별히 주의해야 한다.

다시 말하지만 행위를 전할 때는 타동사를 사용해 주어나 목적어를 명확히 함으로써 단계를 정리한다. 한편 목표, 비전, 문제점, 특징, 좋고 싫음 등 어떤 일의 미래나 현재, 그리고 과거의 상태를 전하고 싶다면 자동사를 사용한다.

혹시 자신이 타동사를 사용해야 할 때에 자동사를 사용하고 있지는 않은지 점검해보자.

명사로 끝맺으면
의미가 모호해진다

자동사와 타동사를 구분해서 쓰는 일, 즉 상태와 행위를 어떻게 표현하는지 알아보았는데, 이쯤에서 주의해야 할 사항을 하나 짚어보자.

어떠한 내용을 요약할 때 단어를 나열해 정리하는 경우가 있다. 극히 단순한 예를 살펴보자(보기 13). 본래 '양념 불고기에 사용된 조미료는 간장, 맛술, 설탕, 후추 이렇게 4가지다.'라는 문장에서 단어를 끄집어내어 병렬 구조로 작성한 리스트다.

● **양념 불고기에 사용된 조미료는 다음 4가지다.**
　－ 간장
　－ 맛술
　－ 설탕
　－ 후추

　　요약한 내용에서 각 항목은 '간장이다.', '맛술이다.', '설탕이다.', '후추다.'라는 문장의 축약형이라고 할 수 있다. 단어만 나열해도 읽는 사람은 자연스럽게 이해할 수 있고 문장을 길게 열거하는 방식보다 정리된 인상을 받는다.

　　그러나 이처럼 단어 나열로 요약하다 보면 문제가 일어나기도 한다. 특히 동사로 마무리되는 문장을 명사로 끝맺을 때 발생하는데, '비용 감소'나 '매출 증가'와 같은 말을 예로 들 수 있다. 이런 말은 압축·요약을 할 때에는 가급적 사용하지 않는다. 의미가 모호해서 즉각적으로 이해할 수 없기 때문이다.

　　예로 든 '비용 감소'란 무엇을 의미할까? 이것이 상태인지, 행위를 의미하는지 한눈에 알 수 있는가? 다음 〈보기 14〉를 보자. '비용 감소'는 적어도 6가지 의미로 해석될 수 있다. 먼저 상태를 나타내고 있을 가능성이 있는데, 여기에서도 최소 3가

비용 감소

● 비용이 내려갔다.
● 비용이 내려가고 있다.
● 비용이 내려갈 것이다.
상태를 나타내는 자동사라고 해도 시제를 알 수 없다.

● 비용을 내렸다.
● 비용을 내리고 있다.
● 비용을 내릴 것이다.
행위를 나타내는 타동사라고 해도 시제를 알 수 없으며, 주어도 없다. (주어가 없어서 인과관계를 알 수 없다.)

애초에 상태를 나타내는 것인지
행위를 나타내는 것인지 알 수 없다.
(명확하게 전달할 수 없다.)

지의 의미를 예상할 수 있다. '비용이 내려갔다.'라는 과거의 상
태, '비용이 내려가고 있다.'라는 현재의 상태, '비용이 내려갈
것이다.'라는 미래의 상태다.

또한 상태가 아니라 행위를 나타낸 것일 수도 있다. 역시 최

소 3가지로 해석될 수 있다. '비용을 내렸다.'라는 과거의 행위, '비용을 내리고 있다.'라는 현재의 행위, 그리고 '비용을 내릴 것이다.'라는 미래의 행위다. 행위를 나타내는 경우에는 주어가 빠졌으므로 인과관계가 모호해져서 의미가 정확히 전달되지 않는다.

이처럼 명사로 끝맺음하는 말은 다의적이며 모호하다. 물론 명사로 끝맺음하는 표현을 절대 쓰지 말라는 것은 아니다. 내용을 열거하는 방식에서는 주변 문맥을 통해 정보가 보완됨으로써 어떻게든 의미를 특정할 수 있다. 광고 문구는 명사로 끝맺음하는 표현이 오히려 어감이 살고 강렬한 인상을 주기도 한다. 그러나 방금 살펴보았듯이 요점을 간추려 전달하는 방식에는 부적합하다. 그 말이 무엇을 의미하는지 파악할 수 없기 때문이다. 가령 다음과 같은 항목을 봤을 때 전체 의미를 빠르게 이해할 수 있을까?

〈보기 15〉의 항목을 보면 비용과 매출이라는 대립적인 부분을 의논하고 있는 듯하다. 하지만 양쪽 다 미래의 전망을 나타내며 단순한 이상을 이야기하고 있는 것인지, 현 상태를 나타내며 성과를 전달하고 있는 것인지 한눈에 알 수 없다. 비용이 감소하면서 여력이 생겼으므로 앞으로는 매출 증가로 방향이 전환됨을 예상한 것일 수도 있다. 비용 감소는 현재 상태이며,

● **비용 감소**　　● **매출 증가**

　　- 원가　　　　　- 해외 사업

　　- 판촉비　　　　- 국내 사업

　　- 간접비

매출 증가는 미래의 행위인 것이다.

　이 예시처럼 본래는 동사였던 표현을 명사로 바꿔 끝맺음하면 전체 내용을 이해하기 어려워진다. 따라서 압축·요약하기에서는 명사로 끝맺음하는 표현을 배제하기로 한다.

사람의 마음을 움직이기 위해서는,

단순히 작성자 중심의 나열이 아니라,

문서를 읽는 사람의 관점에서

전체 틀이 한눈에 파악되는

구조화가 이루어져야 한다.

정보의 성격에 맞게

자동사와 타동사를 사용하면

모호함을 없애고

중요한 정보의 누락을 막을 수 있다.

직렬과 병렬의 개념으로 시간 축을 정리한다

구조화의 두 번째 요령에 들어가 보자. 바로 직렬과 병렬의 개념으로 시간 흐름을 정리하는 것이다.

앞에서 구조화는 서로 관계 있는 항목끼리 연결하고, 나열하는 것이라고 설명했다. 그렇다면 항목(또는 그룹)을 연결하는 데에는 어떤 패턴이 있을까? 기본 패턴은 직렬형과 병렬형 2가지가 있다(보기 16). 응용으로 혼합형도 있지만, 직렬형과 병렬형이 2가지 기본을 기억해두면 그다음은 자연스럽게 응용할 수 있다.

그럼 직렬형과 병렬형 연결이란 무엇일까? 과학시간에 배운 전기회로를 떠올려보자. 전기회로에서 차례대로 전류가 흐르듯이 항목과 항목 간에 시간적 흐름이 형성되는 것은 직렬형 연결이며, 반대로 시간의 흐름을 도출할 수 없는 것은 병렬형 연결이다. 직렬형 혹은 병렬형으로 나눠 정리하면, 정보를 읽는 사람이 시간을 흐름을 쉽게 인식할 수 있고 결과적으로 내용의 전체 틀이 한눈에 파악된다.

[보기 16] **직렬과 병렬의 개념으로 시간 축을 생각한다**

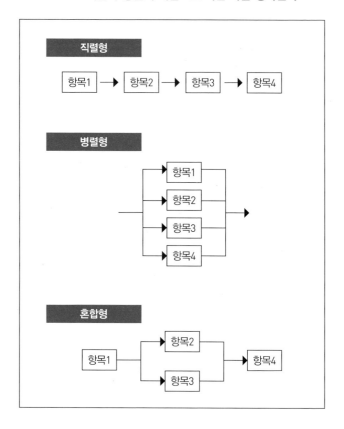

조금 더 자세히 살펴보자(보기 17). 직렬형 연결에서는, 첫 번째 항목을 시작으로 미래로 시간이 흐르거나 혹은 과거로 시간이 거슬러 올라간다. 가령 '문제를 해결하는 틀'의 관점에서 생

각해보면, '문제 발생→해결책 입안→결과'라는 구조에는 과거에서 현재, 그리고 미래로 흐르는 시간적 흐름이 담겨 있다. 이런 문제 해결의 틀이 직렬형 연결이라고 할 수 있다. 기업에서 일단 미래의 비전을 제시하고, 그 비전을 실현할 중간 단계의 경영 전략을 밝힌 뒤 구체적인 한 해의 전술과 실행을 이야기한다면 미래에서 현재로 거슬러 올라오는 시간 흐름이 형성되어 있으므로 이 역시 직렬형으로 연결해 구조화한 것이다.

반면에 시간적 흐름이 없는 항목들로 구성된 것은 병렬형 연결이다. 전형적인 예로 미래의 목표 리스트, 현재 해야 할 실행 목록 등이 있다. 문제 해결의 틀이라는 관점에서 생각하면 문제점 리스트는 병렬형 연결이 된다. 해결책 리스트나 결과 리스트 등도 마찬가지다. 법안과 소신 표명 등 'O개 조항'으로 정리되는 것도 대부분 병렬형으로 연결해야 한다.

직렬형이든 병렬형이든 시간 흐름을 기준으로 항목 간의 관계를 파악해 연결하면 구조적으로 정리가 되어 전체의 윤곽이 한눈에 잡힌다. 따라서 직렬형과 병렬형으로 연결하는 일을 항상 염두에 두자. 그럼으로써 항목들을 효율적으로 그룹화할 수 있으며, 이해하기 쉽게 전달할 수 있다.

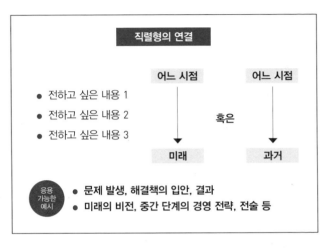

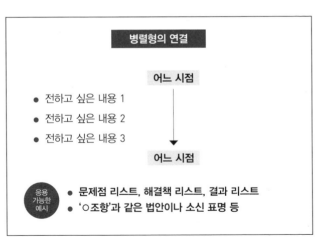

시간 축이 정리되면 정보가 잘 구축된 인상을 준다

신입사원 A씨의 예로 돌아가 보자. 자동사와 타동사를 구분해 이미 두 그룹으로 나누었다. 다만 그룹으로 나뉘어 있을 뿐, 각 그룹이 무엇을 전달하는지 한마디로 표현되어 있지는 않으므로 읽는 사람이 즉각적으로 이해하기 어렵다. 결국 보는 사람이 그룹의 의미를 알아서 해석해야 한다.

그러므로 각 그룹의 성격을 한 문장으로 밝히는 것이 필요하다. 그것을 각 그룹의 첫 항목으로 배치하고, 나머지 문장은 하위 항목으로 배치해서 재편성하는 것이다. 주의해야 할 것은 각 그룹의 첫 항목에 새롭게 배치한 문장들은 서로 연관성이 있어야 한다는 점이다. 그렇지 않으면 전체의 모습이 한눈에 드러나지 않는다.

A씨의 예에서 처음 그룹은 영업의 '현재' 상황을 이야기하고 있다. 그리고 두 번째 그룹은 영업부의 '미래'에 대해 이야기하고 있다. 여기에는 시간의 흐름이 있으므로 직렬형 연결이 된다. 그렇다면 구체적으로 어떤 직렬형 연결일까?

처음 그룹은 현재의 문제를 말하고 있으며, 두 번째 그룹은 앞으로의 대응(해결책)을 말한다. 즉 A씨가 상사에게 말하고 싶었던 것은 영업에서 발생한 문제를 해결하는 과정이다. 그렇다면 각 그룹의 첫 항목에 '문제'와 '대응'이라는 말을 새롭게 추가해 자신이 전하려는 것이 문제 해결 과정이라는 사실을 명확히 한다. 구체적으로는 다음과 같다(보기 18).

상사는 각 그룹의 첫 단락을 읽기만 해도 "아, A씨는 문제와 대응책을 보고하려는 건가?"라고 한눈에 파악할 것이다. 그리고 "A씨 보고서는 이해가 쉽군. 핵심을 바로 파악하고 있어. 다음은 좀 더 중요한 회의에 참석시켜 보는 것도 괜찮겠어."라며 높은 평가를 내릴 수도 있다.

구조화를 하면 각각으로 흩어져 있던 내용이 전체적으로 정리되어 말하고자 하는 사안의 줄기와 가지가 분명하게 드러난다. 특히 직렬 혹은 병렬의 연결, 즉 시간 축이 정리되면 정보가 잘 구축되어 있다는 인상을 준다. 반대로 시간이 흐르고 있는지 아닌지 헷갈리는 정보가 마구 섞인 채 나열되어 있으면 읽는 사람은 스트레스를 받는다. 애써 읽어보려 해도 혼란만 가중될 뿐이다.

이것은 순차적으로 정리되어 있지 않은 앨범을 보거나 미래, 현재, 과거의 장면이 시시각각 교차하는 혼란스러운 영화

- 영업하는 인원이 부족하다.
- 강력한 경쟁 상품의 등장으로 고전하고 있다.
- 문의에 대응하는 콜센터의 교육이 늦어지고 있다.

- 마케팅부가 영업부에 한시적으로 인력을 지원해줄 것이다.
- 그 외의 일은 영업부가 경영 회의에 보고하여 해결책을 모색한다.

- **다양한 문제가 논의되었다.** ─────── **현재**
  - 영업하는 인원이 부족하다.
  - 강력한 경쟁 상품의 등장으로 고전하고 있다.
  - 문의 대응에 대한 콜센터의 교육이 늦어지고 있다.

- **다양한 대응이 정해졌다.** ─────── **미래**
  - 마케팅부가 영업부에 한시적으로 인력을 지원해줄 것이다.
  - 그 외의 일은 영업부가 경영 회의에 보고하여 해결책을 모색한다.

를 보는 것과 같다. 정보를 받아들이는 사람은 사진이나 장면의 시간 순서에서 연관성을 읽어내어 정보를 처리하려고 하기 때문이다. 직렬이든 병렬이든 시간 축을 정리해서 정보를 전달하면, 읽는 이가 해석하는 수고를 덜 수 있다. 그렇기에 직렬과 병렬 연결을 고려해 시간 축을 정리하는 일은 간결하고 눈에 확 띄게 정보를 전달하는 압축·요약하기의 필수 요건인 것이다.

시간적인 흐름이 혼재되어 있는 정보는

해석하는 사람의 혼란을 가중시키고

스트레스를 유발한다.

직렬형 혹은 병렬형 연결로 시간 축을 정리하면

읽는 사람이 시간의 흐름을 한눈에 인식할 수 있으며,

결과적으로 문장들이 이루는 핵심을

정확히 파악할 수 있다.

거버닝으로 서랍을 만든다

구조화를 이루는 세 번째 요령은 바로 '거버닝(Governing)'을 사용하는 것이다. 직역하면 '통치', '관리', '운영' 등의 의미가 있는데, 외국계 컨설팅 업계에서 거버닝이라고 하면 일반적으로 첫머리에 밝히는 정리를 의미한다. 예를 들어 말하고자 하는 중요 사안이 3가지라면, 먼저 '핵심은 3가지다.'라고 밝힌 다음 전개하는 식이다. 구조화에서 말하는 거버닝도 이와 같다.

신입사원 A씨의 예시를 통해 생각해보자. 앞에서 문제와 대응(해결책)이라는 말로 항목을 만들었다. 그에 따라 '문제→대응'이라는 시간 흐름이 파악되었고, 문제 해결 과정을 전달하려는 A씨의 생각을 구조로 나타낼 수 있었다.

그러나 아직 모호함이 남아 있다. 바로 첫 문장의 '다양한'이라는 말이 모호하다. 이를 본 상사는 문제 해결 과정이라는 사실은 바로 이해할지라도 세부적인 정보를 처리하는 데 지쳐서 내용 일부를 잊어버릴지도 모른다. "어라? 결국 문제가 뭐였지? 몇 가지였더라?", "마케팅부가 사람을 보내주는 것 말고 특별히 뭐가 없었던 것 같은데……."라는 식이다. 이런 일을 방지하기 위해서라도 각 그룹의 첫 항목에 이후 전개될 내용의 틀을 안내해두는 것이 좋다. 읽는 이의 입장에서는 맨 처음 문장이 가장 인상적으로 남아서 정보를 처리하는 중요한 토대가 되기 때문이다.

문서를 읽는 이의 머릿속에 정보를 넣어두는 서랍장을 만든다고 생각해보자. 신입사원 A씨의 예시에서는 문제와 대응책의 개수를 밝힌다(보기 19). '3가지 문제점'과 '2가지 대응'이라는 식이다. 핵심 내용이 몇 개인지 처음부터 밝혀두면 상사의

──── [보기19] **거버닝을 사용한 수정안** ────

- **3가지 문제점**이 **논의되었다.**
  - 영업하는 인원이 부족하다.
  - 강력한 경쟁 상품의 등장으로 고전하고 있다.
  - 문의 대응에 대한 콜센터의 교육이 늦어지고 있다.

- **2가지 대응**이 **정해졌다.**
  - 마케팅부가 영업부에 한시적으로 인력을 지원해줄 것이다.
  - 그 외의 일은 영업부가 경영 회의에 보고하여 해결책을 모색한다.

머릿속에 '앞으로 전달되는 일'을 받아들일 서랍이 생긴다. 이 서랍으로 인해 정보 처리가 편해지고 상사는 전달된 내용의 전체적인 모습을 쉽게 이해할 수 있다.

스티브 잡스는 거버닝의 달인이었다

거버닝은 전 세계에서 통용되는 구조화 기술로, 요점을 간추릴 때뿐 아니라 스피치 등 모든 커뮤니케이션에서 활용되고 있다. 적용하는 방법 또한 매우 간단하다.

애플의 창업자이자 실리콘밸리의 레전드, 스티브 잡스가 스탠퍼드 대학에서 한 연설은 널리 알려져 있다. "Stay Hungry. Stay Foolish."라는 문구는 TV 방송에서도 자주 등장한다. 이것은 졸업식에서 앞으로 사회에 진출하는 학생들에게 한 말이다. 그러나 이 연설에서 거버닝의 기술이 사용된 것은 그리 알려지지 않았다.

잡스는 연설의 첫머리에 '3가지를 말하고 싶다.'라고 먼저 전체 틀(거버닝)을 밝히며 이야기를 시작했다(보기 20). 이어지는

───────── [보기 20] **잡스의 연설에 사용된 거버닝** ─────────

Today, I want to tell you three stories from my life. That's it. No big deal Just three stories.

(오늘 나는 여러분에게 인생에서 배운 세 가지 이야기를 하고자 합니다. 그것뿐이에요. 대단한 이야기는 아닙니다. 딱 세 가지만 말할게요.)

The first story is about connecting the dots.

(첫째는 점과 점을 잇는 이야기입니다.)

… (중략) …

My second story is about love and loss.

(둘째는 사랑과 상실에 관한 이야기입니다.)

… (중략) …

My third story is about death.

(셋째는 죽음에 관한 이야기입니다.)

… (후략)

출처 : 하타케야마 유지, 《영문의 철저한 해독 : 스티브 잡스의 스탠퍼드 대학 졸업식 강연》, 베시출판(2015년)

연설은 거버닝의 안내에 따라 진행되었다. 그래서 연설의 전체 흐름을 쉽게 이해할 수 있었다. 잡스의 연설이 사람의 마음을 움직이고 큰 호응을 받은 이유는 물론 내용이 훌륭하기 때문이다. 하지만 거기에 거버닝 기술이 더한 부분도 크다. 잡스가 의도해서 사용한 것인지, 타고난 감각에서 무의식적으로 나온 것인지는 확실하지 않다.

잡스의 연설과 정반대의 경우를 생각하면 거버닝의 효과를 더욱 실감할 수 있다. 초등학교 졸업식 등에서 한없이 이어지는 교장 선생님의 연설이 전형적인 예다. 드디어 끝났다고 생각하면 "그리고……."라면서 이야기가 계속된다. 듣는 사람은 끝나는 시간만 기다리며 공상에 빠질 수밖에 없다.

이처럼 거버닝 기술을 사용하면 간단히 구조화할 수 있다. 단순하게 나열했던 항목들을 간결하고 매력적인 압축·요약의 방식으로 바꾸어 전달할 수 있는 것이다.

메일에는 전체 틀을
꼭 밝혀야 한다

압축·요약의 기술이 자주 활용되는 매체는 메일이다. 메일은 특히 거버닝이 필수적이라고 할 수 있는데, 그 까닭은 메일의 성질을 생각해보면 알 수 있다.

사람들은 틈새 시간을 이용해 메일을 확인한다. 특별히 시간을 할애하는 일이 아니다. 프레젠테이션과 비교하면 쉽게 이해할 수 있다. 사람들은 프레젠테이션을 들을 때는 상대의 프레젠테이션에 집중해서 그 외의 일은 하지 않는다. 반면 메일 확인은 이동할 때, 식사할 때, 회의와 회의 사이 등에 생기는 틈새 시간을 활용하는 것이 일반적이며, 메일보다 우선도가 높은일이 생기면 그것을 먼저 처리한다.

프레젠테이션은 사전에 정해진 시간만큼 시간을 할애한다. 그러나 메일은 상대편이 반드시 읽는다는 보장도 없고, 중요도가 낮다고 판단되면 대충 지나쳐 버릴 수도 있다. 그러므로 메일을 보낼 때는 무엇을 전하려는지 한눈에 드러나도록 씀으로써 패스당하지 않도록 해야 한다. 이것이 구조화가 필요한 이유다.

덧붙이자면, 메일은 위에서 아래로 스크롤하며 읽어 내려가기 때문에 처음 부분에 전체 내용이 드러나는 거버닝이 특히 중요하다. 항목 제일 첫 줄에 넣는 것이 가장 바람직한데, 그게 아니라면 도입글에 함께 넣어도 된다. 메일에서는 일반적으로 요약한 항목을 나열하기에 앞서 어떤 도입글이 있기 때문이다.

다음의 예를 살펴보자(보기 21). 신입사원이 상사에게 업무를 보고하는 메일이다. 짧게 정리했으므로 읽을 마음만 있으면 쉽게 이해할 수 있다. 하지만 내용을 열거해서 쓴 까닭에 메일을 연 순간 전체적인 의미가 눈에 딱 들어오지는 않는다. 상사의 입장에서 바쁠 때나 피곤할 때는 대충 건너뛸 가능성도 배제할 수 없다.

이를 요약해서 정리한 모습을 보자(보기 22). 항목별로 나열해서 조금 읽기 편해졌다. 다만 이 메일이 전체적으로 무엇을 말하려는지는 아직 한눈에 파악되지 않는다. 이대로는 상사가 대충 넘길 가능성이 여전히 있으므로 좀 더 다듬을 필요가 있다.

이때는 첫 부분에서 거버닝으로 큰 틀을 밝혀둔다. 〈보기 23〉에서는 글을 시작하면서 '2건의 보고와 2건의 품의'라고 밝혀두었다. 이렇게 도입글에서 밝혀도 되지만, 상위 항목에 배치한 뒤 보고와 품의의 상세 내용을 하위 항목으로 구성해도

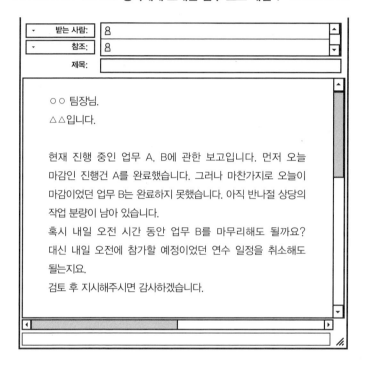

[보기21] **상사에게 보내는 업무 보고 메일 1**

받는 사람:
참조:
제목:

○○ 팀장님.
△△입니다.

현재 진행 중인 업무 A, B에 관한 보고입니다. 먼저 오늘
마감인 진행건 A를 완료했습니다. 그러나 마찬가지로 오늘이
마감이었던 업무 B는 완료하지 못했습니다. 아직 반나절 상당의
작업 분량이 남아 있습니다.
혹시 내일 오전 시간 동안 업무 B를 마무리해도 될까요?
대신 내일 오전에 참가할 예정이었던 연수 일정을 취소해도
되는지요.
검토 후 지시해주시면 감사하겠습니다.

좋다. 여기에서는 도입글에 써 보았다. 거버닝에 맞게 '보고'와
'품의'라는 제목도 넣었다. 또한 거버닝에서 보고와 품의가 각
2건이라고 밝힌 데에 대응해 하위 항목은 숫자를 붙여 첫 번째
와 두 번째를 표시했다. 거버닝을 사용해서 전체 구성을 처음
에 밝히고 이에 대응되게 정리함으로써 내용을 쉽게 파악할 수

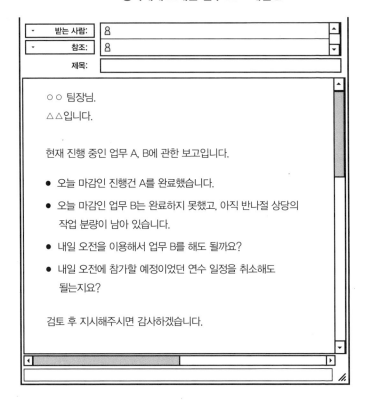

받는 사람:

참조:

제목:

○○ 팀장님.
△△입니다.

현재 진행 중인 업무 A, B에 관한 보고입니다.

● 오늘 마감인 진행건 A를 완료했습니다.

● 오늘 마감인 업무 B는 완료하지 못했고, 아직 반나절 상당의
작업 분량이 남아 있습니다.

● 내일 오전을 이용해서 업무 B를 해도 될까요?

● 내일 오전에 참가할 예정이었던 연수 일정을 취소해도
될는지요?

검토 후 지시해주시면 감사하겠습니다.

있도록 한 것이다.

메일은 읽지 않고 지나치기 쉬운 매체이므로 처음 한두 줄이
모든 것을 결정한다고 해도 과언이 아니다. 그렇기에 메일에는
거버닝으로 전체 틀을 꼭 밝혀두어야 한다.

[보기 23] 상사에게 보내는 업무 보고 메일 3

▾	받는 사람:	8	▴
▾	참조:	8	▾
	제목:		

○○ 팀장님.

△△입니다.

현재 진행 중인 업무 A, B에 관해 2건의 보고와 2건의 품의를
하겠습니다.

[보고]

1. 오늘 마감인 업무 A를 완료했습니다.

2. 오늘 마감인 업무 B는 완료하지 못했고, 아직 반나절 상당의
   작업 분량이 남아 있습니다.

[품의]

1. 내일 오전을 이용해서 업무 B를 해도 될까요?

2. 내일 오전에 참가할 예정이었던 연수 일정을 취소해도
   될는지요?

검토 후 지시해주시면 감사하겠습니다.

문장뿐 아니라
구조로도 이야기한다

압축·요약으로 완성한 내용과 처음에 작성한 메일 내용을 비교해보자(보기 24). 고작 몇 줄이지만, 전략적으로 그 몇 줄의 구조를 만든 덕분에 이해가 훨씬 편해졌다.

보고서 내용이 아무리 훌륭하더라도 읽는 사람의 관점에서 쉽게 이해할 수 없다면 의미가 없다. 무의미한 보고서를 보내는 부하 직원을 좋게 평가하는 상사는 없다. 하지만 같은 내용일지라도 줄기와 가지를 정리해 전체적인 모습이 한눈에 들어오도록 구조화한 보고서는 180도 다른 평가를 이끌어낼 수 있다.

종종 한 줄로 된 광고 카피와 몇 줄로 이루어진 압축·요약이 무엇이 다르냐는 질문을 받을 때가 있다. 그 차이 중 하나가 구조화다. 구조화는 하나의 문장으로는 불가능하며, 여러 문장이 있어야 한다. 이 여러 문장을 구조화함으로써 의미를 부여하는 것이다. 예를 들어 직렬 구조는 문제 해결 과정이나 인과관계 등 시간의 흐름을 나타내고, 병렬 구조는 리스트처럼 동시적인 것을 나타낸다.

압축·요약하는 방식은 광고 카피에 비해서는 글자 수도 많고 정보량도 많지만 많은 내용을 열거하는 방식보다는 분량이 적다. 그렇기에 문장뿐 아니라 구조로도 의미를 담아야 정보를 보완하고 읽는 이의 정보 처리를 도울 수 있다.

━━━━━ [보기 24] **구조화에 따라 개선한 예시** ━━━━━

- 영업하는 인원이 부족하다.
- 강력한 경쟁 상품이 있어서 고전하고 있다.
- 문의 대응에 대한 콜센터의 교육이 늦어지고 있다.
- 영업부에 한시적으로 인력이 늘어날 것이다.
- 그 외의 일은 영업부가 경영 회의에 보고하여 해결책을 모색한다.

- **3가지 문제점이 논의되었다.**
  - 영업하는 인원이 부족하다.
  - 강력한 경쟁 상품이 있어서 고전하고 있다.
  - 문의 대응에 대한 콜센터의 교육이 늦어지고 있다.

- **2가지 대응이 정해졌다.**
  - 마케팅부가 영업부에 한시적으로 인력을 지원해줄 것이다.
  - 그 외의 일은 영업부가 경영 회의에 보고하여 해결책을 모색한다.

다시 말하지만 구조화를 하려면 단계를 정리·구성해야 한다. 이 책에서는 단계를 정리하는 요령으로 '자동사와 타동사를 구분해서 사용하기, 직렬과 병렬로 생각하기, 거버닝'이라는 3가지 방식을 소개했다. 구조화는 압축·요약하기의 한 요소이며 전달하고 싶은 내용을 간결하고 매력적으로 전달하는 데 있어 꼭 필요한 기술이다.

메일을 쓸 때는 반드시

거버닝으로 전체 틀을 밝혀두어야 한다.

거버닝은 문서를 읽는 이의 머릿속에

정보를 넣어두는 서랍장을 만드는 일이다.

핵심 내용이 몇 가지인지 처음부터 밝혀두면

머릿속에 '앞으로 전달되는 일'을

받아들일 서랍이 생긴다.

PART 3

|

압축·요약의 두 번째 기술,
이야기화

항목 형태로 정리되어 있거나 구조화되어 있다고 해서 요약이 성공적으로 이루어지는 것은 아니다. 내용을 전달받는 사람이 읽고 싶고, 알고 싶다는 생각이 들도록 관심을 유도해야 하는데, 그러려면 문서를 읽는 사람의 관점과 입장, 주변 상황을 고려한 맞춤 요약이 필요하다.

압축·요약의 두 번째 기술
이야기화

바람직하지 않은 요약 :
실감 나지 않는다

압축 · 요약을 완성하는 두 번째 기술은 '이야기화'다. 영업부의 신입사원 A씨의 예를 통해 이야기화를 들여다보자.

A씨는 올해 목표했던 영업 실적을 달성하지 못했다. 상사는 다음 해의 목표를 보고하라고 했다. 입버릇처럼 "큰 뜻을 품어라."라고 말하는 열정적인 상사는 그 보고를 참고해 A씨에게 조언을 해주기로 했다. 문제는 이 상사가 눈코 뜰 새 없이 바쁘고 성미가 급해서 간결하게 보고하지 않으면 언짢아하기 일쑤

라는 점이다. 그래서 A씨는 짧고 명확하게 전달할 수 있도록 보고 내용을 항목별로 요약했다(보기 25).

이것을 본 상사는 어떤 표정을 지을까? 보고서의 항목은 단계를 정리해서 구조화했다. 첫째 그룹에서는 개선책이라는 행위를 타동사로 통일했고, 둘째 그룹에서는 영업 실적이라는 상태를 나타내기 위해 자동사를 사용했다. 즉 자동사와 타동사를 잘 구분해서 쓰고 있다.

둘째 그룹에서 '결과'라는 말로 첫째 그룹인 개선책과의 관계에 시간의 경과를 나타내어 직렬 구조를 만들었다. 또한 그 흐

━━━ [보기 25] **바람직하지 않은 요약 : 실감 나지 않다** ━━━

- **4가지 개선책을 추진한다.**
  - 고액 고객에게는 선배 사원에게 도움을 청해 가격을 교섭해 판매 단가를 올린다.
  - 중액 고객에게는 관련 상품도 함께 제안해 판매량을 늘린다.
  - 소액 고객에게는 지금까지 해온 대로 접촉해서 판매를 추진한다.
  - 초소액 고객에게도 지금까지 해온 대로 접촉해서 판매를 추진한다.
- **결과적으로 목표로 하는 영업 실적은 매출 3억 엔이다.**

름이 읽는 이에게도 전해지도록 '개선책'과 '영업 실적'이라는 인과관계를 나타내는 말을 사용하고 있다.

각 문장과 단어뿐 아니라 구조로도 의미를 드러내어 전체 모습이 한눈에 파악되도록 노력한 흔적이 엿보인다. '4가지 개선책'이라는 거버닝도 사용함으로써 개선책의 상세 내용을 전달하기 전에 상대의 머릿속에 서랍을 만드는 데에도 성공했다. 이렇게 구조화되어 있으면 단순히 나열된 항목들을 읽는 것보다 쉽고 빠르게 이해할 수 있다.

그런데 이 같은 구조화의 노력에도 불구하고 예시의 항목들은 읽는 이에게 별다른 인상을 남기지 못한다. 다른 회사의 누군가도 똑같이 써서 상사에게 보고할 법한 내용으로, 허울 좋은 일반론처럼 느껴질 뿐 현실적으로 와닿지 않는다. 열정이 넘치는 상사는 더욱 그렇게 느낄 것이다.

A씨가 이대로 보고한다면 실제로 상사는 관심을 보이지 않을지도 모른다. 충분한 조언을 얻지 못한 채 "지루한 보고를 하는 직원이군."이라며 낮은 평가를 받을 수도 있다.

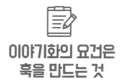

이야기화의 요건은 훅을 만드는 것

　단순히 항목 형태로 정리되어 있거나 구조화되어 있다고 해서 압축·요약이 잘 된 것은 아니다. 내용을 전달받는 사람이 읽고 싶고, 더 알고 싶다는 동기가 들도록 관심을 유도해야 하는데, 그러려면 문서를 읽는 사람의 관점과 입장, 그가 처한 환경을 고려해서 요약하는 것이 필수다. 그래야 비로소 사람의 마음을 끌어당길 수 있으며, 이것이 압축·요약의 두 번째 기술인 이야기화다.

　앞의 장에서 소개했듯이 형식적으로는 요약한 듯 보일지라도 구조화조차 되어 있지 않은 경우는 무수히 많다. 그런데 구조화가 되어 있음에도 읽는 이의 관심을 끌지 못하고 결과적으로 내용을 제대로 전달하지 못하는 경우도 적지 않다. 바로 이야기화가 되어 있지 않기 때문이다. 그런 글은 간결하고 매력적으로 정보를 전달하는 압축·요약하기와 상당한 거리가 있다.

　그렇다면 이야기화에서 필요한 요건은 무엇일까? 바로 '훅(Hook)'을 만드는 것이다. 훅을 만든다는 것은 읽는 사람의 관심사를 감안해 그가 놀랄 만한 장치를 의도적으로 문장에 심어 놓는 것을 말한다. 이 장치는 전체적인 흐름에 심어도 되고, 문장 일부에 심어도 좋다. 그로 인해 읽는 사람은 해당 내용이 자신과 관계 있다고 인식하고, 진지하게 이해하고픈 동기를 가지게 된다.

그러면 구체적으로 어떻게 훅을 만들어야 할까? 몇 가지 요령이 있는데, 이 책에서는 전체적인 흐름에 훅을 설치하는 '도입부 만들기'와 'MECE 무너뜨리기' 그리고 문장 일부에 훅을 설치하는 '고유 명사 사용하기' 이렇게 3가지를 다루어보겠다.

이야기화의 요령 1
도입부를 통해 상대를 끌어당긴다

훅을 만드는 첫 번째 방법은 '도입부 만들기'다. 여기서 도입부는 전체 내용에서 첫 문장을 가리키는데, 요약에서 가장 중요한 부분이기도 하다. 우리는 소설책을 볼 때 처음 몇 페이지가 흥미로우면 계속 읽게 되지만, 초반에 별다른 감흥을 느끼지 못하면 책을 덮어버린다. 마찬가지로 요약한 내용의 도입부에서 읽는 이의 시선을 사로잡지 못하면, 뒤에 이어지는 내용을 아예 전달하지 못할 수 있다.

그렇다면 도입부에서 무엇을 전달해야 할까? 간단하다. 바로 읽는 이가 기대하는 내용을 전달하면 된다. 간단한 예시로 기업에서 진행하는 채용 면접을 생각해보자. 면접관이 "○○지원자의 강점은 뭔가요? 간략하게 답해 보세요."라고 했다고 하자. 이에 대한 다음의 대답을 살펴보자.

〈보기 26〉과 〈보기 27〉의 대답은 얼핏 봐서는 비슷하다. 문장 자체는 완전히 동일하고 순서가 다를 뿐이다. 그렇다면 어느

[보기 26] 채용 면접에서의 대답 1

- 학생이었던 10년 전부터 영어 회화 학원에 다니면서 영어 회화의 기초를 터득했습니다.

- 영어 회화에 대한 기초가 있어서 전 직장에서 5년간 30개사 이상의 해외 기업과 제휴하는 일을 담당했습니다. 그 경험을 통해 영어로 교섭하는 실력을 계속 발전시켰습니다.

- 제 강점은 외국 기업을 상대로 영어로 교섭하는 능력입니다.

- 제 강점은 외국 기업을 상대로 영어로 교섭하는 능력입니다.

- 영어 회화에 대한 기초가 있어서 전 직장에서 5년간 30개사 이상
  의 해외 기업과 제휴하는 일을 담당했습니다. 그 경험을 통해 영
  어로 교섭하는 실력을 계속 갈고닦았습니다.

- 학생이었던 10년 전부터 영어 회화 학원에 다니면서 영어 회화의
  기초를 터득했습니다.

쪽이 면접관의 인상에 깊게 남을까? 답은 〈보기 27〉이다. 질문
에 대한 답을 도입부에서 바로 밝히고 들어가기 때문이다. 그
리고 이어서 이유(근거)를 설명한다. 그것도 중요한 내용부터
순서대로 언급한다. 면접관은 제한된 시간 안에 수십 혹은 수
백 명의 면접을 봐야 하기 때문에 한가하지 않다. 그렇기에 무
엇보다 먼저 답을 듣고 싶어한다.

　다시 말해 상대가 기대하고 있는 것은 '답'이므로 질문에 대
한 직접적인 대답을 먼저 내놓은 〈보기 27〉의 전달 방식이 면
접관의 흥미를 유발하고 쉽게 각인되는 것이다. 면접관은 이런
지원자에게 호감을 가지기 마련이다.

　반면에 〈보기 26〉은 학생 시절의 노력부터 기술하고 있다.

이어서 이전 직장에서의 활동, 그리고 마지막에 본 질문에 대한 답을 밝힌다. 이처럼 배경부터 설명하면 면접관은 마지막에 답을 듣기 전까지는 지원자의 의도를 명확히 알 수 없다.

성미가 급한 면접관이라면 "학생이었던 10년 전부터 영어 회화 학원에 다니면서 영어 회화의 기초를 터득했습니다."라는 말을 들은 순간 '이 지원자의 강점은 영어 회화의 기초를 터득했다는 건가?'라고 생각할 가능성이 있다. 그런데 뒤이어 "영어 회화에 대한 기초가 있어서 전 직장에서……."라고 무작정 설명이 이어진다. 이대로는 영어 회화의 기초를 터득하고 있는 것이 강점인지, 아니면 이제부터 답이 나올 것인지 알 수 없다.

최악의 경우는 이야기가 길어진다고 생각한 면접관이 중간에 말을 가로막으며 "프로필은 말하지 않아도 되니까 강점을 간단히 말해 주세요."라고 하는 일이다. 이렇게 되면 어떤 대답을 해도 전달 능력이 미숙하고 커뮤니케이션에 문제가 있는 사람으로 평가되어 채용될 확률이 낮아진다.

이 대화에서 알 수 있는 것은 상대가 기대하고 있는 내용을 바로 답하면 상대의 관심을 유도할 수 있다는 점이다. 그렇게 도입부에 이끌린 상대는 마지막까지 이야기를 경청할 것이다.

상대는 나에게
무엇을 기대하는가?

그러면 다시 신입사원 A씨의 이야기(88쪽)로 돌아가자.

상사는 A씨에게 과연 무엇을 기대할까? 상사는 입버릇처럼 "큰 뜻을 품어라."라고 말할 정도로 열정적인 사람이다. 올해 신입사원 A씨의 영업 실적이 좋지 않아서 상사는 내년 영업 실적을 어느 정도로 목표하고 있는지 질문했다. A씨가 얼마나 큰 뜻을 품고 있는지 파악하고, 그 목표를 달성하는 데 필요한 조언을 하기 위해서다. 그러므로 도입부에서 답해야 할 것은 당연히 내년에 목표로 하는 영업 실적이다.

그러나 A씨는 맨 처음 개선책을 내놓고 있다. 그것도 몇 가지나 되는 방안을 정성껏 준비했다. 이어서 개선하여 얻게 될 영업 실적 목표를 밝히고 있다. 성미가 급한 상사는 "장황한 내용은 됐으니까 먼저 어느 정도의 실적을 목표로 할 건지 말해. 그 수준에 따라 해야 할 일이 달라지고 해줄 조언도 달라지니까 말이야."라고 말할 것이다.

사실 상사에게 이런 말을 들을 수 있는 것은 다행일지도 모른다. 가장 좋지 않은 상황은 상사에게 아무 말도 듣지 못하고, 앞으로도 외면당하는 일이다.

도입부에는 상대가 기대하고 있는 답을 내놓아서 상대의 관심을 끌어야 한다. 상대가 바쁘거나 성미가 급하면 급할수록 도입부가 승부처가 될 확률이 높다. 그에 따라 신입사원 A씨의 보고는 다음 페이지의 〈보기 28〉처럼 바꿀 수 있다.

이렇게 전달하면 도입부를 읽는 순간 상사는 '좋아! 3억 엔을 목표로 하는 건가? 열심히 할 기세로군. 이에 맞는 조언을 해줘야겠어.'라는 생각이 들지 모른다. 그리고 도입부에 이어지는 개선책도 차분히 들어주고, 더 나은 방향으로 갈 수 있도록 피드백을 줄 것이다.

- **4가지 개선책을 추진한다.**
  - 고액 고객에게는 선배 사원에게 도움을 청해 가격을 교섭해 판매 단가를 올린다.
  - 중액 고객에게는 관련 상품도 함께 제안해 판매량을 늘린다.
  - 소액 고객에게는 지금까지 해온 대로 접촉해서 판매를 추진한다.
  - 초소액 고객에게도 지금까지 해온 대로 접촉해서 판매를 추진한다.

- **결과적으로 목표로 하는 영업 실적은 매출 3억 엔이다.**

- **목표로 하는 영업 실적은 매출 3억 엔이다.**

- **이를 위해 4가지 개선책을 추진한다.**
  - 고액 고객에게는 선배 사원에게 도움을 청해 가격을 교섭해 판매 단가를 올린다.
  - 중액 고객에게는 관련 상품도 함께 제안해 판매량을 늘린다.
  - 소액 고객에게는 지금까지 해온 대로 접촉해서 판매를 추진한다.
  - 초소액 고객에게도 지금까지 해온 대로 접촉해서 판매를 추진한다.

유니클로의 프레젠테이션이
훌륭한 점

도입부로 상대의 흥미를 끌어당기는 기술은 경영자의 프레젠테이션에서도 찾아볼 수 있다. 의류업체 유니클로(UNIQLO)가 투자가를 대상으로 하는 프레젠테이션 자료에는 압축·요약 방식이 자주 사용된다. 유니클로의 사장 야나이 다다시가 프레젠테이션한 패스트 리테일링(Fast Retailing, 유니클로를 운영하는 기업)의 2015년 8월 결산 설명회 자료에는 다음과 같이 항목별로 정리한 페이지가 있다(보기 29).

먼저 항목들이 구조화되어 있다. 즉 단계가 정리되어 있다. 2015년 8월에 진행 중인 각 사업의 실적이 나열된 구조로 쓰여 있으며, 각 항목의 하위 단락에서 상세 내용을 설명하고 있다.

그런데 압축·요약의 시점에서 읽었을 때 이 내용이 흥미로운 것은 구조화 부분이 아니다. 재미있는 것은 이야기화의 부분이다. 이야기화의 요건인 훅을 만들기 위해 도입부에 고심한 흔적이 보인다. 과연 어떤 고심을 했을까?

처음에 등장하는 내용은 해외 유니클로 사업에 관한 부분이다.

2015년 8월 결산 설명회

● **해외 유니클로 사업이 높은 성장을 유지**

- 특히 중화권 국가와 한국의 실적이 호조.

- 단, 미국 사업의 적자폭이 확대, 회사 전체에서 이를 과제로 삼고 대책 강화 중.

● **일본 내 유니클로 사업은 수익이 증가**

- 추동 시즌은 히트텍, 울트라 라이트 다운, 울 스웨터 등 겨울 핵심 상품의 판매가 호조.

- 춘하 시즌은 6월부터 매출이 저조, 4분기는 이익이 대폭 하락.

- 필수품이라는 이미지를 심어주는 상품 개발, 뉴스의 파급력이 과제.

- 2014년 10월에는 글로벌 기함점인 유니클로 오사카점과, 글로벌 번성점인 유니클로 기치조지점을 출점하고 성공을 거두었다.

● **지유(GU) 사업이 크게 성장**

- 2015년 8월에 수익이 대폭 증가.

- '패션과 낮은 가격'의 새로운 의류 브랜드로 일본 시장에서 확고한 포지션을 확립.

출처 : http ://www.fastretailling.com/jp/ir/library/pdf/20151008_yanai.pdf

---

*** **유니클로 글로벌 기함점과 글로벌 번성점** : 기함점은 세계적인 정보 발신의 거점이 되는 대형 매장이며, 번성점은 최고의 서비스를 자랑하는 지역 밀착형 대형 매장이다.

*** **GU** : 유니클로의 세컨드 브랜드

이어서 자국(일본) 내 유니클로 사업, 그리고 자매 브랜드인 지유(GU) 사업이 언급된다. 이 3가지 내용 중 도입부에 유독 해외 유니클로 사업을 가져온 부분이 흥미롭다. 2015년 8월 패스트 리테일링의 최대 사업은 자국 내 유니클로 사업이다. 7,801억 엔의 매출로 전체 회사 매출의 약 46%를 차지한다.

반면에 해외 유니클로 사업은 매출 6,036억 엔이며 전체 매출의 36%를 차지하는 두 번째로 규모가 큰 사업이다. 실제로 야나기 사장 앞에서 최고 재무 책임자가 결산에 관한 상세 내용을 프레젠테이션할 때는 자국 내 유니클로 사업, 해외 유니클로 사업의 순서로 설명했다.

하지만 야나기 사장이 진행한 프레젠테이션에서는 해외 유니클로 사업을 가장 먼저 전달하고 있다. 그 까닭은 여기서 가장 강조하고자 하는 것이 해외 유니클로 사업을 성장시키기 위한 경영 방침이기 때문이다. 그 자리에 참석한 투자분석가들도 그 점을 이해하고 있어 그쪽으로 관심이 쏠려 있었다. 그렇기에 사업 규모를 무시하고 의도적으로 첫 번째로 해외 유니클로 사업의 대략적인 현황을 설명한 것이다.

이 상황은 이어지는 프레젠테이션 슬라이드를 통해 확인할 수 있다(보기 30). 다시 항목별로 정리한 자료가 등장하는데, 앞으로의 성장 전략이 담겨 있다. 이 자료를 보면 유니클로가 해외 사업을 얼마나 중시하고 있는지 알 수 있다. '글로벌 원 전원 경영'을 성장 전략의 필두로 삼고 그 내용을 다른 항목보다 앞

[보기 30] **유니클로 결산 설명회의 요약하기 2**

앞으로의 성장 전략

1. '글로벌 원 전원 경영'의 경영 체제 실천.
2. 해외 유니클로 사업의 높은 성장을 지속하고 유니클로를 세계 NO.1 브랜드로 만든다.
3. 국내 유니클로 사업은 지역 밀착형 개점 경영을 추진.
4. 세계 최고 수준의 공급망(Supply Chain)을 확립한다.
5. 디지털 이노베이션을 진행해서 새로운 산업을 창조한다.
   – 고객 니즈를 즉시 상품화한다.
6. 다른 업종과의 제휴를 통해 새로운 기술, 획기적인 서비스를 받아들이고 새로운 산업을 창조한다.
7. GU 사업의 높은 성장과 글로벌화 추진.
8. 합리적인 명품(Affordable Luxury) 브랜드 사업 개혁.
9. '세계를 좋은 방향으로 바꿔 나간다'라는 기업의 사회적 책임(CSR, Corporate Social Responsibility) 활동 추진.

출처 : http ://www.fastretailling.com/jp/ir/library/pdf/20151008_yanai.pdf

*** **글로벌 원 전원경영 :** 글로벌 시장에서 유니클로의 사업 모토. '글로벌 원'은 특정 시장이 아닌 모든 시장에서 통용하는 상품을 의미하며, '전원 경영'은 모든 직원이 경영자의 마인드를 가진다는 것을 의미한다.

에 두었다. 이어지는 두 번째 내용도 해외 사업에 관한 내용이다. 그렇기에 앞의 자료에서도 도입부에 해외 유니클로 사업을 배치하고 있는 것이다.

매출이 크다고 해서 자국 내 유니클로 사업을 앞쪽에 배치했다면 설명회의 맥락상 이야기가 자연스럽게 흘러가지 않는다. 규모에 따라 사업을 순서대로 나열하는 기계적인 방식이 아니라 상대가 관심을 보이는 사업을 도입부에서 설명했다. 야나기 사장은 이렇게 이야기화된 요약으로 투자가나 투자분석가에게 간결하고 매력적으로 자사의 상황과 방침을 전달했다. 항목별로 짧게 정리한 프레젠테이션이라도 도입부에 힘을 주어 이야기화하면, 상대의 관심을 이끌어낼 수 있고 더 나아가 상대의 마음까지 움직일 수 있다.

앤서 패스트는
만능이 아니다

결론을 도입부에 가져오는 것을 '앤서 패스트(Answer Fast)'라고 말한다. 앤서 패스트로 전달하는 방식은 마치 세계 공통이자 어느 때나 유용한 만능처럼 일컬어지기도 한다. 이야기의 배경과 경위를 알고 있는 사람이 무엇보다도 원하는 것은 '결론'이다. 상대가 원한다면 도입부에 결론을 가져오는 게 현명하다.

그러나 이 앤서 패스트 역시 상대에 따라 다르게 적용해야 한다는 점을 유의할 필요가 있다. 안건의 배경이나 경위를 상대방이 아직 이해하지 못한 상황에서 갑자기 결론부터 등장시킬 필요는 없다. 상대는 자신이 무엇을 제안받고 있는지 알지 못하며, 그 내용이 자신과 어떤 관계가 있는지 의미를 찾지 못하기 때문이다. 즉 정보를 받아들이는 과정이 멈춰 버린다. 그같은 압축·요약은 본말이 전도된 상태라고 할 수 있다. 결론에 앞서 배경과 경위를 알고 싶은 경우, 알아야 하는 경우도 있는 것이다. 상대가 가장 먼저 요구하는 대답이 반드시 결론이라고 단정할 수는 없다.

유능한 컨설턴트는 프로젝트 중간 보고를 할 때처럼 상대방이 배경이나 경위를 충분히 이해하지 못한 상황이라면, 그것을 먼저 설명한다. 결론은 그다음, 때에 따라서는 마지막에 말한다. 반면 최종 보고를 할 때처럼 상대가 배경과 경위를 이미 이해하고 있다면 결론을 맨 처음에 가져온다. 또한 상대가 전달 주제에 대해 충분히 관심을 보이고 있어 말하는 사람이 주도권을 잡은 경우는 상대가 도중에 이야기를 중단할 가능성도, 흥미를 잃고 주의를 다른 곳에 돌려버릴 가능성도 없으므로 배경부터 천천히 이야기할 수 있다.

결론을 맨 처음에 가져오는 앤서 패스트가 항상 긍정적인 효과를 낼 것이라는 고정관념을 버리라는 뜻이다. 도입부는 상대의 상황을 고려하여 구성해야 한다. 가령 상사가 열정적이고 대범한 성향이 아니라 세부적인 부분에 집착하는 성향을 가진 데다 A씨가 지금까지 겪어온 상황을 자세히 모르는 사람이라면 어떨까? 이럴 때 도입부에서 불쑥 높은 목표를 밝히면 '객관적이지 않고 호언장담만 하는 사람'이라는 인상을 줄 수도 있다. 이런 경우에는 도입부에 개선책부터 들어가는 편이 낫다. 더 나아가 지난해의 반성과 같은 배경부터 들어가면 더욱 좋다. 이를테면 다음과 같이 먼저 지난해를 회고한다(보기 31).

- **4가지 개선책을 추진한다.**
  - 고액 고객에게는 선배 사원에게 도움을 청해 가격을 교섭해 판매 단가를 올린다.
  - 중액 고객에게는 관련 상품도 함께 제안해 판매량을 늘린다.
  - 소액 고객에게는 지금까지 해온 대로 접촉해서 판매를 추진한다.
  - 초소액 고객에게도 지금까지 해온 대로 접촉해서 판매를 추진한다.

- **결과적으로 목표로 하는 영업 실적은 매출 3억 엔이다.**

- **지난해는 특히 고액과 중액 고객을 대상으로 하는 영업이 제대로 되지 않아서 영업 실적이 1억 엔에 그쳤다.**

- **4가지 개선책을 추진한다.**
  - 고액 고객에게는 선배 사원에게 도움을 청해 가격을 교섭해 판매 단가를 올린다.
  - 중액 고객에게는 관련 상품도 함께 제안해 판매량을 늘린다.
  - 소액 고객에게는 지금까지 해온 대로 접촉해서 판매를 추진한다.
  - 초소액 고객에게도 지금까지 해온 대로 접촉해서 판매를 추진한다.

- **결과적으로 목표로 하는 영업 실적은 매출 3억 엔이다.**

다시 말해 도입부에서 전달하는 내용은 상대에 따라, 그리고 상대의 상황에 맞추어 생각해야 한다. 한 가지 성공 패턴만 고집하다 보면 작성자 위주로 내용을 정리하게 된다. 그러면 상대의 관심을 유도할 훅이 생기지 않고, 상대는 정보에 흥미를 잃게 되므로 전달의 의미가 사라진다.

도입부를 만들어 상대의 마음을 끌어당기자. 훅이 만들어지면 자연스럽게 상대는 마지막까지 관심을 잃지 않고 내용을 이해하려고 한다.

이야기화에서 필요한 요건은

'훅'을 만드는 일이다.

읽는 사람의 관심사, 배경을 파악하고

마음을 끌어당길 장치를 의도적으로

문장에 심어 놓는다.

상대가 나에게 원하는 답이 있다면,

요약의 도입부에서

적극적으로 전달해야 한다.

MECE를 무너뜨려서 핵심만 남긴다

다음 요령은 'MECE 무너뜨리기'다. MECE(미시)라는 말을 들어본 적이 있을 것이다. 'Mutually Exclusive and Collectively Exhaustive'의 약자로 어떤 사항을 중복 없이, 그럼에도 누락 없이 파악하는 것을 의미한다. 구체적으로 다음과 같은 예시를 들 수 있다(보기 32).

지구는 북반구와 남반구로 나눌 수 있다. 이 2가지는 중복되

━━━ [보기 32] **MECE의 예시** ━━━

● 지구	● 일주일	● 매출
– 북반구	– 월요일	– 국내의 매출
– 남반구	– 화요일	– 해외의 매출
	– 수요일	
	– 목요일	● 매출
	– 금요일	– 기존 점포의 매출
	– 토요일	– 신규 점포의 매출
	– 일요일	

지 않고, 달리 누락되는 부분도 없다. 그래서 MECE를 충족한다. 일주일은 월요일에서 일요일로 나눌 수 있다. 각 요일은 중복되지 않고, 일주일에 그 외 다른 요일은 없으므로 MECE이다. 글로벌 기업에서 매출은 국내의 매출과 해외의 매출로 나눌 수 있다. 이것도 누락과 중복이 없는 MECE이다. 체인점을 운영하는 기업의 매출은 기존 점포의 매출과 신규 점포의 매출로 나눌 수 있다. 이것도 MECE이다. 그리고 매출의 예시처럼 하나의 대상에 대해 MECE로 나누는 방법은 하나로 단정지을 수 없다.

매사를 MECE로 생각하면 중요 사안에 관해 누락되거나 중복되는 사태를 방지할 수 있다. 본디 외국계 컨설팅 업계에서 사용하던 방법이지만 지금은 특정 분야에 국한되지 않고 일반적으로 사용되고 있다.

그런데 이 MECE가 너무 널리 보급되어 무분별하게 사용되는 경향이 있는 것이 문제다. 특히 요약을 할 때 잘못 사용하면 의도치 않은 상황을 초래할 수 있다. 누락 없이 중복 없이 전달하려다가 혹을 없앨 수 있기 때문이다. 즉 이야기화에 실패해 상대가 흥미를 잃어버리는 상황이 발생한다.

신입사원 A씨가 상사에게 보고하는 예시를 다시 한 번 살펴보자(보기 28). 상사가 가장 듣고 싶어 하는 내년의 영업 실적 목

- **목표로 하는 영업 실적은 매출 3억 엔이다.**

- **그것을 위해 4가지 개선책을 추진한다.**
  - 고액 고객에게는 선배 사원에게 도움을 청해 가격을 교섭해 판매 단가를 올린다.
  - 중액 고객에게는 관련 상품도 함께 제안해 판매량을 늘린다.
  - 소액 고객에게는 지금까지 해온 대로 접촉해서 판매를 추진한다.
  - 초소액 고객에게도 지금까지 해온 대로 접촉해서 판매를 추진한다.

표를 먼저 전달하도록 다시 구성했다. 그에 따라 훅이 되는 도입부가 만들어져 상사의 관심을 끌게 되었다. 하지만 어디까지나 첫 단추를 잘 끼웠을 뿐이다. 계속해서 집중하지 않으면 상대가 흥미를 잃고 끝까지 읽지 않을지도 모른다.

신입사원 A씨의 요약에는 상대가 집중력을 잃을 만한 부분이 있다. 바로 각각의 개선책을 밝힌 4개의 하위 항목이다. 고액 고객, 중액 고객, 소액 고객, 그리고 초소액 고객을 대상으로 하는 개선책을 말하고 있는데, 구매액에 따라 고객을 MECE 방식으로 나눈 것이다. 이처럼 고객을 대, 중, 소, 초소로 나누어 각각의 개선책을 전달하면 누락되거나 중복되는 일은 없다. 신입사원 A씨가 MECE에 얽매여 논리적인 부분만을 고집하는 사람이라면 빠짐없이 전달할 수 있어서 무척 만족했을 것이다.

하지만 이런 방식으로 전달하는 것은 읽는 이의 집중을 흐트러뜨려 부정적인 결과를 가져올 수 있다. 자세한 까닭을 신입사원 A씨의 개선책을 통해 살펴보자.

그 정보,
전달할 필요가 있을까?

앞의 예시에서 소액과 초소액 고객의 개선책을 상사에게 전달할 필요가 있을까? 상사가 볼 때 고액 고객을 대상으로 하는 영업에는 선배 사원에게 도움을 청한다는 새로운 계획이 있다. 중액 고객을 대상으로 하는 영업에도 기존에 영업하고 있는 상품과 함께 관련 상품을 영업한다는 새로운 계획이 있다.

그러나 소액과 초소액 고객을 대상으로 하는 영업은 전과 아무런 변동이 없으며, '추진한다'라는 구체적이지 않은 말을 사용하고 있다. 상사로서는 새롭게 받아들일 만한 정보가 없다는 뜻이다.

애초에 상사에게 보고해야 할 내용은 '매출을 달성하기 위한 개선책'이었다. 업무 내용이 기존과 동일하다면 소액과 초소액 고객 관련 정보는 우선도가 낮다고 할 수 있다. 이 정보를 전달하면 "소액과 초소액은 구체적으로 어떻게 할 거지?", "개선책이 있다는 건가, 없다는 건가?"라는 의문과 함께 상사는 주의가 흐트러질 가능성이 크다.

도입부가 훅이 되어 A씨의 이야기에 끌렸던 상사가 도중에 흥미를 잃는다면 그동안의 노력이 물거품이 되어 버린다. A씨는 열심히 MECE 방식으로 설명했지만, 오히려 그것이 집중을 방해했다. 즉 MECE 방식을 고집한 탓에 이야기화에 실패한 것이다.

고액과 중액 고객에 집중하면 실적을 올릴 수 있다는 것은 영업의 기본 전략이다. 소액과 초소액 고객은 드는 수고에 비해 매출 규모가 작기 때문이다. 그럼에도 다음 해의 계획을 표명하는 자리에서 소액과 초소액 고객을 대상으로 한 별다를 것 없는 대책을 늘어놓는다면, 상사는 '아 이 사람은 핵심에 주력하지 못하고, 영업 전략에 대한 통찰력이 없어서 실적이 오르지 않는 건가?'라고 생각할 수 있다. 불필요하게 자신의 평가를 떨어뜨리는 결과를 초래할지 모른다는 의미다.

요점을 간추려 전달할 때는 MECE 방식에 얽매일 필요가 없다. 무언가를 생각하거나 머릿속을 정리할 때는 MECE를 활용한다고 해도, 압축·요약의 방식으로 내용을 정리할 때는 의도적으로 MECE를 무너뜨리는 편이 나을 때도 있다.

신입사원 A씨의 예시에서는 다음 〈보기 33〉처럼 MECE를 무너뜨리는 편이 낫다. 소액과 초소액 고객을 대상으로 하는 업무 계획을 일부러 제외해서 MECE를 무너뜨리는 것이다. 그리고 개선책을 2가지로 좁혀 간결하게 전달한다. 정보량은 줄이되, 범위를 좁혀 핵심만을 전달하므로 상사 또한 A씨의 이야기에 끝까지 집중할 수 있다.

지금까지는 단순히 '4가지 개선책을 추진한다.'라고 했지만, 요약을 하는 과정에서 가장 중요한 부분이 고액과 중액 고객을 중점적으로 공략하는 것임을 깨달았다고 하자. 그 경우에는 '4가지 개선책을 추진한다.'라고 했던 것을 '2가지 개선책에 집중한다.'라고 명시해도 된다.

중요도가 낮은 항목은 전하지 않는다. 생각을 정리하는 과정에서 깨달은 핵심을 전달해야 한다. 그렇게 하면 상사가 '고액

- 목표로 하는 영업 실적은 매출 3억 엔이다.

- 그것을 위해 4가지 개선책을 추진한다.
  - 고액 고객에게는 선배 사원에게 도움을 청해 가격을 교섭해 판매 단가를 올린다.
  - 중액 고객에게는 관련 상품도 함께 제안해 판매량을 늘린다.
  - 소액 고객에게는 지금까지 해온 대로 접촉해서 판매를 추진한다.
  - 초소액 고객에게도 지금까지 해온 대로 접촉해서 판매를 추진한다.

- 목표로 하는 영업 실적은 매출 3억 엔이다.

- 이를 위해 2가지 개선책에 집중한다.
  - 고액 고객에게는 선배 사원에게 도움을 청해 가격을 교섭해 판매 단가를 올린다.
  - 중액 고객에게는 관련 상품도 함께 제안해 판매량을 늘린다.

고객과 중액 고객을 집중적으로 공략할 작정이군. 버려야 할 건 버린다는 영업 전략의 기본을 갖추고 있어. 기대해도 되겠는데.'라고 생각할 것이다.

상대적인 MECE를
효과적으로 사용하라

MECE는 크게 '절대적인 MECE'와 '상대적인 MECE', 둘로 나눌 수 있다. 절대적인 MECE는 언제 어디서나 누구라도 동일하게 정의할 수 있는 것이다. 그에 반해 상대적인 MECE는 상대의 관심이나 상대가 처한 상황 등에 따라 정의가 달라질 수 있다.

결론부터 말해, 압축·요약하기에서 필요한 방식은 후자인 상대적인 MECE다. 만약 절대적인 MECE를 사용한다면 MECE를 무너뜨릴 여지가 없는지 생각해야 한다. 절대적인 MECE와 상대적인 MECE의 차이는 다음과 같은 예로 생각해 볼 수 있다(보기 34).

일주일을 구성하는 요일은 월요일, 화요일, 수요일, 목요일, 금요일, 토요일, 일요일로, 누락되거나 중복되지 않게 설명할 수 있다. 이것은 언제 어디서나 누구라도 공통적으로 정의할 수 있는 MECE, 즉 절대적인 MECE다.

반면에 같은 일주일이라도 "당신이 근무하는 요일은 언제인

절대적인 MECE	상대적인 MECE	
일주일은 어떻게 구성되나? (언제 어디서나 같다)	당신이 근무하는 요일은 언제인가? (개인에 따라 대답이 달라진다)	
	평일에 근무하는 사람	주로 주말에 근무하는 사람
− 월요일		
− 화요일		
− 수요일	− 월요일	− 수요일
− 목요일	− 화요일	− 목요일
− 금요일	− 수요일	− 금요일
− 토요일	− 목요일	− 토요일
− 일요일	− 금요일	− 일요일

가?"라는 물음에 대한 답을 생각해보자. 이것은 방금 전의 월, 화, 수, 목, 금, 토, 일로 나눈 절대적인 MECE와 달리 개인에 따라 대답이 다르다. 평일에 근무하는 사람은 월요일부터 금요일이라고 답할 수 있지만, 음식점 등 주로 주말에 근무하는 사람은 수요일부터 일요일이라고 대답할 수도 있다.

이런 대답은 각자가 보기에는 누락과 중복이 없지만 사람에 따라 차이가 발생한다. 상대의 입장이나 전후 맥락에 따라 내용이 달라지므로 상대적인 MECE인 것이다. 그리고 우리가 정보를 전달할 때 사용해야 할 MECE가 바로 이것이다. "각 근무일에는 무슨 일을 하는가?"라고 질문 받았을 때는 각자가 상대적인 MECE로 생각해서 대답할 것이다. 일주일의 요일 구성처럼 절대적인 MECE로는 대답할 수 없다.

2가지 MECE 방식의 차이를 의식하면서 신입사원 A씨의 예를 다시 살펴보자(보기 33). A씨는 고객을 고액 고객 대상, 중액 고객 대상, 소액 고객 대상, 그리고 초소액 고객 대상으로 나눴다. 규모에 따라 4단계로 파악한 것이다. 이때의 MECE는 절대적인 MECE다. 반면 MECE를 무너뜨린 뒤에는 고액과 중액 고객을 대상으로 한 개선책만 전달했다. 절대적인 MECE로 생각하자면 이것은 소액과 초소액 고객이 빠져 있어 MECE가 성립되지 않는 듯이 보인다.

그런데 만약 A씨의 영업 과제가 고액과 중액 고객 두 대상만을 상대로 하고 있으며, 그 점을 상사와 공유하고 있다면 어떨까? 그럴 경우 "영업 과제는 어디에 있는가?"라는 물음에 대해 고액과 중액 고객에 대한 답변만 하면 된다. 그것만으로 MECE가 성립한다.

이렇게 특정한 누군가에게 정보를 전할 때는 상대의 상황에 따라 MECE를 정의할 필요가 있다. 그러나 앞서 말했듯이 MECE 방식이 널리 보급되면서 무턱대고 절대적인 MECE 방식으로 압축·요약을 하는 사람이 늘어나고 있는 것이 문제다.

물론 절대적인 MECE로 생각하는 일 자체가 나쁘다는 말은 아니니 오해하지 않길 바란다. 절대적인 MECE는 언제 어디서나 사용할 수 있는 사고의 틀이므로 생각을 정리하고 누락을 방지하는 데 유용하다. 그래서 사고를 풀어나가는 단초로 사용하면 좋다.

다만 목적에 따른 정보 전달의 수단으로 사용할 때는 절대적인 MECE를 의식적으로 무너뜨리고, 상대방의 관점에서 중요하게 생각되는 부분만으로 범위를 좁히는 작업도 철저히 해야 한다. 상대의 관심사에 맞는 상대적인 MECE를 사용해야 상대는 그 이야기에 끌리고, 마지막까지 집중할 수 있기 때문이다.

의도적으로 MECE를

무너뜨리는 것이 필요하다.

중요도가 낮은 항목은 전하지 않는다.

생각을 정리하는 과정에서 깨달은

핵심을 전달해야 한다.

읽는 이의 관심사를 간파해

범위를 좁힌 상대적인 MECE를 사용해야

상대는 이야기에 끌리고,

마지막까지 집중할 수 있다.

고유 명사로 구체적인 이미지를 만든다

도입부를 만들고 MECE를 무너뜨리는 일처럼 전체적인 흐름에 변화를 주는 방법 외에, 문장을 부분적으로 수정해 효과적인 훅을 만드는 방법도 있다. 이것이 바로 이야기화의 세 번째 요령인 '고유 명사 사용하기'이다.

방법은 간단하다. 먼저 문장 속에서 일반 명사를 찾는다. 그리고 그것을 상대와 공유할 수 있는 고유 명사로 바꾸면 된다. 추상성이 높은 일반 명사를 사용하는 대신 고유 명사, 특히 상대와 밀접한 관계가 있는 익숙한 고유 명사를 넣으면 어떨까? 상대는 자신과 관계된 고유 명사를 매개로 구체적인 이미지를 떠올릴 수 있다. 고유 명사로 표현된 부분과 연관된 경험과 기억이 머릿속에 있기 때문이다. 겨우 몇 글자이지만, 그것을 본 순간 본래 머릿속에 존재하던 정보까지 더해져 처리함으로써 이해가 확장된다.

대학생을 채용하는 과정에서의 입사지원서를 예로 들어 살펴보자. 다음과 같이 일반 명사를 사용한 전달 방식과 고유 명사를 사용한 전달 방식을 비교했다(보기 35).

일반 명사를 사용한 전달 방식은 읽는 데 지장이 없으며 사실적으로 정보를 처리할 수 있다. 그러나 머릿속에서 관련 정보를 새롭게 떠올릴 수는 없다.

반면에 오른쪽의 고유 명사를 사용한 전달 방식은 어떨까? 첫 번째 문장에서 해외에 체류한 경험이 아니라 싱가포르에 체류한 경험으로 바꾸면 상대는 '여러 문화권의 사람들과 교류할 수 있는 특성을 지닌 싱가포르에 체류한 경험이 있다면 다양성을 받아들일 수 있는 사람일지도 몰라.'라는 식으로 의미를 확장해 받아들일 수도 있다. 또한 면접관이 젊은 시절을 싱가포

━━━━ [보기 35] 고유 명사를 효과적으로 활용한다 ━━━━

일반 명사		고유 명사
● 저는 해외에 체류한 경험이 있습니다.		● 저는 싱가포르에 체류한 경험이 있습니다.
● 회사 홍보 책자에 나온 사원분의 사고방식에 공감하고, 열정에 자극을 받았습니다.		● 회사 홍보 책자에 나온 정보시스템부 니키 씨의 사고방식에 공감하고, 그 열정에 자극을 받았습니다.

르에서 보낸 적이 있다면 어떨까? 당시의 즐거웠던 경험을 회상하고, 그 추억을 되새기며 입사지원서를 읽을지도 모른다. 그러면 이 지원자의 이력은 면접관의 기억에 좋은 인상을 남길 수도 있을 것이다.

두 번째 문장은 어떨까? 그냥 '사원분'이라는 말을 보면 '이건 그냥 듣기 좋으라고 하는 겉치레 말 아닌가?'라고 느껴질 수도 있다. 여기에서 '사원분'을 고유 명사인 '정보시스템부 니키 씨'로 바꾸면 면접관의 정보 처리가 확 바뀐다. 먼저 '정보시스템부'라는 사내 부서명이 나오면, 지원자가 정보시스템부의 사무실에 있는 모습을 떠올릴 것이다. 게다가 니키 씨라는 고유 명사를 통해서 '니키 같은 사람과 업무 스타일이 맞는다면 우리 회사와 잘 맞을지도.'라고 생각할 수도 있다.

이것은 입사지원서에 등장한 '정보시스템부의 니키 씨'라는 단어를 봤을 때, 면접관의 머릿속에 있던 정보시스템부나 니키 씨에 대한 정보가 함께 처리되기 때문이다. 우리가 누군가와 교류할 때, 서로 공통된 지인이 있다는 사실을 알면 급속도로 친밀감을 느끼기도 하듯 말이다. 이처럼 고유 명사는 짧은 단어이지만 상대의 관심을 끄는 훅이 되어 더욱 확장된 의미를 전달한다.

그렇다면 다시금 신입사원 A씨의 예시를 점검해보자. A씨의 예시에서 고유 명사로 바꿀 만한 것은 없을까? 바로 고액 고객과 중액 고객이다. 고객의 수가 한정되어 있다면 고객명을 고유 명사로 전달하는 일도 생각해볼 수 있다. 그러면 고객 정보망을 공유하고 있는 상사는 '그 회사에 영업을 하러 간다면 내 예전 지인을 소개해주면 도움이 될지도 모르겠군.'이라는 식으로 생각할 수도 있다. 결과적으로 A씨는 더욱 구체적인 조언을 얻을 수 있을 것이다.

고객 수가 많아서 고유 명사로 이야기하지 못하는 경우라도 아직 바꿀 만한 대상이 2가지 남아 있다. '선배 사원'이라는 말과 '관련 상품'이라는 단어다. 이를 고유 명사로 바꾸면 의미가 한층 직접적으로 다가오므로 상사는 더욱 진지하게 고려하려고 할 것이다.

이를테면 다음과 같이 고쳐 쓸 수 있다(보기 36). '선배 사원'이라는 일반 명사를 '야마다 씨'라는 고유 명사로 바꾼다. 그렇게 야마다라는 이름을 인지한 상사는 머릿속으로 야마다 씨에 관련된 기존 정보를 함께 처리한다. '야마다는 강인하게 교섭하는 타입이니까 야마다가 지원한다면 계획을 무난히 달성할 수 있을 것 같은데.'라는 식으로 더욱 구체적인 이미지까지 떠올리게 되는 것이다.

또한 '관련 상품'이라는 일반 명사를 '골드 시리즈'라는 구체

━━━━━ [보기 36] **고유 명사로 개선한 예시** ━━━━━

> - **목표로 하는 영업 실적은 매출 3억 엔이다.**
>
> - **이를 위해 2가지 개선책에 집중한다.**
>   - 고액 고객에게는 선배 사원에게 도움을 청해 가격을 교섭해 판매 단가를 올린다.
>   - 중액 고객에게는 관련 상품도 함께 제안해 판매량을 늘린다.

> - **목표로 하는 영업 실적은 매출 3억 엔이다.**
>
> - **이를 위해 2가지 개선책에 집중한다.**
>   - 고액 고객에게는 야마다 씨에게 도움을 청해 가격을 교섭해 판매 단가를 올린다.
>   - 중액 고객에게는 골드 시리즈도 함께 제안해 판매량을 늘린다.

적인 상품명으로 바꾼다. 그러면 상사는 자사 상품인 골드 시리즈에 대한 사전 지식이 있으므로 그것을 활용해서 "골드 시리즈는 A씨의 실력으로는 아직 팔기 어려우니까 다른 상품이 낫다."라고 궤도 수정을 권하는 등 구체적인 조언을 해주기도 할 것이다. 이렇게 고유 명사를 사용하면 상대의 관심을 보다 적극적으로 유도해 다양한 도움을 얻을 수 있다.

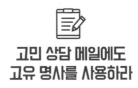

고민 상담 메일에도 고유 명사를 사용하라

훅을 만들어 관심을 유도하기 위해 고유 명사를 사용하려고 해도 생각처럼 쉽지 않을 때가 있다. 가령 콘셉트나 총론적인 이야기처럼 추상적인 내용을 전달할 때는 어떻게 해야 할까? 이럴 때도 고유 명사를 사용할 수 있다. 아니, 적극적으로 사용해야 한다. 추상적이기에 더더욱 고유 명사를 넣어서 상대의 흥미를 유발해야 한다.

그렇다면 추상적인 내용을 전달할 때 어떻게 고유 명사를 사용할까? 바로 추상적인 문장의 하위에 고유 명사가 들어간 예시 문장을 넣으면 된다. 어디까지나 예시이지만 그곳에 고유 명사가 있는 것만으로도 내용 전체에 급속도로 생동감이 생긴다.

예를 들어 회사의 선배에게 다음과 같이 요약한 메일을 보내 상담을 청했다고 하자(보기 37). '업무 속도가 느리다.', '프레젠테이션 실력이 늘지 않는다.'와 같은 문제는 누구에게나 있을 법한 일반적인 고민이다. 그래서 메일을 받은 선배도 대수롭지 않게 여길 수 있다. '뭐 있을 만한 일이지. 별로 중요하지 않잖

아?', '너무 지나치게 고민하는 거 아냐? 누구라도 그런 고민은 안고 있어.' 이런 식으로 느낀 선배는 진지하게 받아들이지 않을 것이고, 결과적으로 이 고민에 대한 조언은 뒤로 미뤄질지 모른다.

그렇다면 기존 내용에 다음과 같이 고유 명사를 넣어 예문을

─────── [보기 37] **선배에게 고민을 상담하는 메일** ───────

▾	받는 사람:	👤	▲
▾	참조:	👤	▾
	제목:		

○○ 선배님.
△△입니다.

현재 업무 문제로 고민되는 일이 문제가 있습니다.
이번 주에 만나서 조언을 구할 수 있을까요?

고민은 주로 다음 2가지입니다.
1. 업무 속도가 느리다.
2. 프레젠테이션 실력이 늘지 않는다.

언제라도 시간 있으실 때 검토해 주시기를 부탁드립니다.
감사합니다.

만들면 어떨까(보기 38)? 상위 항목은 처음과 완전히 같지만,
각 항목의 하위에 고유 명사가 들어간 예시를 덧붙였다. 과연

[보기38] **고유 명사로 개선한 메일의 예시**

▼ 받는 사람:	👤
▼ 참조:	👤
제목:	

○○ 선배님.
△△입니다.

현재 업무 문제로 고민되는 일이 문제가 있습니다.
이번 주에 만나서 조언을 구할 수 있을까요?

고민은 주로 다음 2가지입니다.

1. 업무 속도가 느리다.
(예) 보여드린 ▢▢사 대상의 제안 자료 작성에 3일이 걸렸습니다.

2. 프레젠테이션 실력이 늘지 않는다.
(예) 상품 기획 회의에서 ◇◇부장님이 프레젠테이션을 중지시켰
습니다.

언제라도 시간 있으실 때 검토해 주시기를 부탁드립니다.
감사합니다.

어떻게 바뀌었을까?

첫 번째 항목은 '업무 속도가 느리다.'라는 추상적인 고민에 불과했다. 그러나 고유 명사를 이용해 특정 자료 작성에 걸린 시간을 밝히니 갑자기 생생한 이미지가 생겼다. 선배는 '저 자료를 만드는 데 3일 걸렸다고? 그건 좀 심하네. 조언을 좀 해줄까.'라는 마음이 생길 것이다.

두 번째 '프레젠테이션 실력이 늘지 않는다.'라는 것도 누구나 할 만한 고민이지만, 여기에 특정 회의명과 어느 부장에 의해 프레젠테이션이 중단된 일화를 밝혔다. 고유 명사로 회의명과 부장의 이름을 언급했으므로 그것을 본 순간 선배의 머릿속에는 그 상황이 재현될 것이고, 후배의 마음에 공감할 확률이 높아질 수 있다.

추상성이 높고 고유 명사를 직접 넣을 수 없는 내용이라도 고유 명사를 넣은 예시를 하위에 덧붙이면 항목 전체에 생생한 이미지가 생긴다. 그러면 상대는 흥미를 잃지 않고 마지막까지 집중해서 읽을 수 있다.

이것은 경영 전략과 경영 과제 등 추상성이 높은 문제를 다루는 외국계 컨설팅 업계에서도 숙련된 컨설턴트가 사용하는 기술이다. 추상성이 높은 내용을 그대로 전달하면 상대는 생생한 이미지를 그릴 수 없다. 이럴 때 예시가 필요하다. 국내에서 해외로 사업 거점을 옮길 때 "국내에서 해외로 경영 리소스를 옮긴다."라고 전달해도 문제는 없지만 이것만으로는 구체적인 이미지가 그려지지 않는다. 그 문장의 아래에 '(예) 오사카의 공장을 폐지하고, 인도네시아의 자바 섬에 공장을 신설한다.'라는 내용을 넣는다고 하자. 읽는 이는 '국내에서 해외로 경영 리소스가 이동'이라는 이미지를 쉽게 떠올릴 수 있고, 좀 더 현실적으로 받아들일 수 있다. 예시를 넣는다고 하더라도 추상적이었던 본래 문장의 의미를 전혀 해치지 않는다.

요약에서 추상성이 높은 문장과 고유 명사 예문은 강력한 조합이다. 앞에 나왔던 신입사원 A씨 요약을 다시 떠올려보자. 앞에서는 상위 항목에 직접 고유 명사를 넣었지만, 본래의 문장을 그대로 살리고 그 하위에 고유 명사가 들어간 예문을 만드는 것도 효과적인 방법이다(보기 39).

압축·요약의 장점은 읽는 이의 정보 처리를 편하게 만드는 것이므로 정보량이 많아지는 일은 바람직하지 않다. 그러나 늘어난 분량만큼 생생하고 구체적인 이미지가 생성되었다. 고유 명사를 넣은 예문이 훅이 되는 것이다. 정보량이 증가한다는 단점이 있는 반면, 내용에 생동감이 생겨 읽는 이의 관심을 유도할 수 있다는 장점이 생긴다. 단점과 장점을 저울질하면서 목적에 맞는 적당한 조합을 고를 것을 권한다.

- **목표로 하는 영업 실적은 매출 3억 엔이다.**

- **이를 위해 2가지 개선책에 집중한다.**
  - 고액 고객에게는 선배 사원에게 도움을 청해 가격을 교섭해 판매 단가를 올린다.
  - 중액 고객에게는 관련 상품도 함께 제안해 판매량을 늘린다.

- **목표로 하는 영업 실적은 매출 3억 엔이다.**

- **이를 위해 2가지 개선책에 집중한다.**
  - 고액 고객에게는 선배 사원에게 도움을 청해 가격을 교섭해 판매 단가를 올린다.
  (예) 야마다 씨와 함께 가격을 교섭한다.

  - 중액 고객에게는 관련 상품도 함께 제안해 판매량을 늘린다.
  (예) 골드 시리즈도 제안한다.

정리하면, 추상적인 내용을 전달할 때는 고유 명사가 들어간 예시를 함께 전달할 여지가 없는지 점검해봐야 한다. 그렇게 하면 추상성이 높았던 내용을 좀 더 구체적이고 생동감 있게 전할 수 있다.

듣는 이를
프레젠테이션의 주인공으로 초대하라

고유 명사를 활용하는 방식이 특히 효과적인 경우가 바로 프레젠테이션이다. 프레젠테이션은 대상을 특정할 수 있는 경우가 많다. 개개인의 이름은 몰라도 조직이나 그룹, 모임의 명칭 등을 특정할 수 있다. 만약 세미나 참가자를 대상으로 프레젠테이션을 한다면 'ㅇㅇ세미나에 참가한 여러분'이라는 형태로 상대를 어느 정도 특정할 수 있다.

특정한 사람과 얼굴을 마주하고 프레젠테이션을 할 때는 그 사람이 떠올리기 쉬운 고유 명사를 주어로 넣을 수 있는지 고려해보는 것이 첫 번째 할 일이다. 사람들이 가장 귀를 기울이는 것은 자신에 관한 이야기다. 눈앞에서 자신의 이야기를 듣고 무관심할 사람은 없다. 그리고 목적어와 주어가 있을 때 목적어는 조연이지만 주어는 주인공이 된다. 상대의 이름을 고유 명사로 넣어서 주어로 등장시킬 수 있다면 그렇게 해야 한다. 조직의 부서명이나 기업명이라도 상관없다.

가령 다음 프레젠테이션에서 고유 명사를 주어로 사용할 여

〈경영 과제와 앞으로의 진행 방식〉

- 경기가 악화되고 매출이 침체 상태라서 수익이 감소하고 있다.
- 경기가 회복될 때까지 각 부서에서 비용을 삭감해야 한다.

지가 있는지 생각해보자(보기 40). 경영 기획부 직원이 경영 회의에서 사용한 프레젠테이션 슬라이드이다. '경기 악화로 매출이 증가하지 않는다. 당분간 경기가 좋아질 전망은 없다. 따라서 당장은 비용을 삭감해서 수익이 떨어지는 것을 막고 싶다. 각 부서에서 비용 삭감의 필요성을 이해하기 바란다.' 이것이 작성자가 의도하는 바다.

무엇을 말하고 싶은지는 명확하지만, 마음에 확 와닿을 만한 포인트가 없으므로 이야기화가 필요하다. 고유 명사를 주어로 사용할 여지가 없는지 살펴보자. 첫 문장에서 '수익이 감소하고 있다.'라고 나와 있지만 '누가'라는 것이 빠져 있다. 경영 기획부 직원의 입장에서 이 내용을 전달하는 상대는 자사 직원이므로 굳이 밝히지 않아도 된다. '우리 회사는'이나 '당사는'이라는 말을 넣을 필요가 없다는 뜻이다.

하지만 여기에 자사의 이름을 고유 명사로 넣으면 문장이 한층 선명해진다. 회사명이 '원 인터내셔널'이라면 그대로 넣는다. 이 이야기에서 주인공은 자사이고, 상대도 그 일부다. 그로써 상대는 남의 일이 아닌 내 일로 실감하게 된다.

다음 문장에서 '각 부서'라고 짤막하게 쓰는 것도 나쁘지 않지만, 그리 와닿지는 않는다. 심지어 남의 일처럼 들리기까지 한다. 그래서 다소 길어지더라도 부서명을 고유 명사로 넣었다. 이렇게 하면 해당 부서의 사람들은 프레젠테이션을 듣는 순간 아찔해질지도 모른다. 자신이 그 비용 삭감의 대상이라고 인식되기 때문이다.

구체적으로는 다음과 같이 수정할 수 있다(보기 41). 회의에 참여해서 프레젠테이션을 듣고 있던 영업부, 개발부, 총무부, 경영 기획부의 사람들은 부서명이 나오자마자 몸을 앞으로 당기고 좀 더 유심히 듣게 될 것이다.

이렇게 항목 형태로 요약한 내용을 이야기화하는 데에는 고유 명사의 사용이 효과적이다. 프레젠테이션이나 메일 등 전달받을 상대가 명확한 경우 그 사람이 이미지를 연상하기 쉬운 고유 명사를 넣으면 관심도를 월등히 높일 수 있다. 상대를 주인공으로 등장시킬 수 있다면 반드시 그렇게 해야 한다.

〈경영 과제와 앞으로의 진행 방식〉

- 경기가 악화되고 매출이 침체 상태라서 원 인터내셔널의 수익이 감소하고 있다.

- 경기가 회복될 때까지 영업부, 개발부, 총무부, 경영 기획부 등의 각 부서에서 비용을 삭감해야 한다.

전달받는 이의 상황을 철저하게 고려하라

지금까지 이야기화의 3가지 요령을 소개했다. 도입부 만들기, MECE 무너뜨리기, 고유 명사 사용하기를 활용해 신입사원 A씨가 수정한 내용은 다음과 같다(보기 42). 개선 전과 후는 겨우 몇 줄의 차이지만, 그 작은 차이는 상대의 시선을 잡아두기에 충분하다.

- **4가지 개선책을 추진한다.**
  - 고액 고객에게는 선배 사원에게 도움을 청해 가격을 교섭해 판매 단가를 올린다.
  - 중액 고객에게는 관련 상품도 함께 제안해 판매량을 늘린다.
  - 소액 고객에게는 지금까지 해온 대로 접촉해서 판매를 추진한다.
  - 초소액 고객에게도 지금까지 해온 대로 접촉해서 판매를 추진한다.

- **결과적으로 목표로 하는 영업 실적은 매출 3억 엔이다.**

- **목표로 하는 영업 실적은 매출 3억 엔이다.**

- **이를 위해 2가지 개선책에 집중한다.**
  - 고액 고객에게는 야마다 씨에게 도움을 청해 가격을 교섭해 판매 단가를 올린다.
  - 중액 고객에게는 골드 시리즈도 함께 제안해 판매량을 늘린다.

이야기화의 3가지 요령은 상대가 어떤 사람이고 무엇에 관심이 있으며 어떤 상황에 놓여 있는지를 예상하지 못하면 제대로 활용할 수 없다. 이야기화는 상대의 상황을 철저히 고려해서 전체 흐름을 만드는 것이 전제이기 때문이다. 그에 따라 상대는 마지막까지 주목하게 되고, 전달자가 말하고자 하는 핵심을 제대로 이해할 수 있다.

압축·요약한 내용으로 프레젠테이션을 준비할 때에는 듣는 이가 어떤 사람들인지 확인하고 예상해보자. 참가자 명부가 있으면 그것을 확인한다. 무엇에 관심이 있고, 무엇을 싫어할까? 시간이 있다면 프레젠테이션할 장소를 내려다보며 상대가 바라보는 시점을 상상해봐도 좋다.

메일을 쓸 때는 어떨까? 상대의 하루 스케줄이 어떤지, 아침·점심·저녁의 어느 타이밍, 어느 틈새 시간에 메일을 읽을지 연상해본다. 상대가 회사 내 다양한 부서와 협업 프로젝트를 진행하느라 머릿속에 관련 정보가 가득하다고 하자. 그때 부서명이나 사원 이름 등 고유 명사가 들어간 메일을 확인한다면 상대는 본래 가지고 있던 정보까지 함께 적용해 처리하게 되므로 더욱 구체적이고 현실성 있게 받아들일 것이다.

이론에 얽매여 그저 짧은 항목 형태로 나열하는 데 그치는 사람과 이야기화하여 정리하는 사람의 근본적인 차이가 여기에 있다. 압축·요약의 기술은 사람의 마음을 움직이기 위해 사용하는 것이다. 그렇기에 상대의 입장과 상황을 면밀히 고려하고 예상하는 것이 반드시 필요하다.

작성자를 위한 것이 아니라 정보를 전달받는 상대를 위해 글을 쓸 때, 특히 이야기화를 위해 훅을 만들려고 할 때는 자문해보자. 요약하는 것 자체가 목적이 되고 있지 않은가? 그것으로 무엇을 달성하고 싶은지 불분명하지는 않은가? 압축·요약이란, 말장난도 단순한 기술도 아닌 상대를 철저하게 생각하는 작업임을 잊지 말자.

추상성이 높은 일반 명사를 사용하는 대신

고유 명사, 특히 상대와 밀접하게 관계된

익숙한 고유 명사를 넣으면

글 전체에 급속도로 생동감이 생긴다.

읽는 이를 글의 주인공으로,

주어로 등장시킬 수 있다면

반드시 그렇게 해야 한다.

PART 4

압축·요약의 세 번째 기술,
메시지화

사람의 마음을 움직이기 위해서는 무난함을 적으로 삼아야 한다. 최대의 적은 상대도, 주변 여건도, 위험 요소도 아닌 무난한 길을 선택하려고 하는 자기 자신이다. 입장을 명확히 밝혀 메시지화하면 읽는 사람의 마음을 흔들고 강렬한 인상을 남길 수 있다.

압축·요약의 세 번째 기술
메시지화

바람직하지 않은 요약 : 감흥 없이 진부하다

압축 · 요약을 완성하는 세 번째 기술은 '메시지화'다. 여기에서도 신입사원 A씨의 이야기를 예로 살펴보자.

A씨는 영업 현장에서 연수를 끝내고 마케팅부에 배속되었다. 마케팅부에서는 신입사원이 첫 조례 시간에 자기소개를 겸해 앞으로의 다짐이나 입사 포부를 밝히는 일이 관례다. 조례 시간은 한정되어 있으므로 발표 분량은 항목으로 정리한 1장의 슬라이드와 1분간의 스피치로 정해져 있다. 이때 듣는 쪽이 되

는 마케팅부의 선배 사원들은 "올해 신입사원 중 눈에 띄는 사람이 있을까?"라며 실력을 구경하겠다는 자세로 조례에 참석한다. A씨는 학생 시절 경영학부에서 마케팅을 배운 경험도 있기에 자신감을 가지고 다음과 같이 발표하기로 했다(보기 43). 마케팅부의 선배들은 A씨에 대해 어떤 평가를 내릴까?

대학에서 마케팅을 배운 A씨는 자기 나름대로의 포부를 밝히려고 노력했다. 마케팅에는 고객의 시점이 빠질 수 없기에 첫 문장에 '고객을 기쁘게 할 수 있는'이라는 말도 넣었다. 하지만 A씨의 이야기를 선배 사원들이 듣는다면, 그것도 마케팅에 정통한 사원이 듣는다면 '아, 이 신입사원은 영 아니네.'라고 생각할 것이다.

━━━ [보기 43] 바람직하지 않은 요약 : 감흥 없이 진부하다 ━━━

〈나의 6가지 포부〉

- 고객을 기쁘게 할 수 있는 신상품을 만들겠습니다.
- 차별화된 신상품을 만들겠습니다.
- 스스로 믿을 수 있는 신상품을 만들겠습니다.
- 최대한 수많은 신상품을 만들겠습니다.
- 효율적으로 열심히 업무를 수행하겠습니다.
- 모든 일에 최선을 다하겠습니다.

메시지화의 요건은
입장을 확실히 밝히는 것

선배들이 실망하는 이유는 새로운 정보가 없기 때문이다. A씨의 포부는 언뜻 그럴듯해 보이지만, 극히 당연한 말만 하는 데 그치고 말았다. 각 항목은 마케팅부에 소속된 모든 사람이 당연히 해야 할 내용이다. 새롭게 처리해야 할 정보나 신선한 아이디어, 선배 사원들의 마음을 흔드는 것이 아무것도 없다.

선배들은 꾸준히 마케팅을 해온 분야의 프로다. 때문에 일반적인 마케팅론으로는 그들의 흥미를 유발할 수 없다. 이 자리를 통해 A씨는 오히려 부정적인 평가를 받을 수도 있다. 항목으로 요약한 내용은 상대가 정보를 처리할 가치를 지니는 동시에 마음을 두드리는 것이어야 한다. 마음을 흔들어야 새로운 행동을 이끌어낼 수 있다.

이처럼 상대의 마음을 흔들 수 있도록 표현을 정교하게 다듬는 것을 메시지화라고 부른다. 사람의 마음을 움직이기 위한 압축·요약의 세 번째 기술이다. 그렇다면 메시지화는 구체적으로 어떻게 해야 할까?

한마디로 입장을 확실히 밝히면 된다. 입장을 확실히 밝힌다는 것은 전달하는 내용에 대한 자신의 의지를 명확히 하는 일이다. 찬성인가, 반대인가? A안인가, B안인가? 하고 싶은가, 하고 싶지 않은가? 이러한 의지를 확실히 드러낸다. 그리고 그에 반하는 것 즉, 일반적인 일, 무난한 일, 당연한 일을 말하는 것은 피해야 한다.

입장을 확실히 밝히는 데에도 몇 가지 기술적인 요령이 필요하다. 여기에서는 '숨은 중복 표현 제거하기, 부정 표현 사용하기, 숫자 사용하기' 이렇게 3가지를 다루어보겠다.

메시지화의 요령 1
숨은 중복 표현을 제거한다

메시지화의 첫 번째 요령은 숨은 중복 표현을 제거하는 것이다. 중복 표현이란 '얼굴을 세안하다.', '머리에 두통이 있다.'처럼 의미가 중복되는 말을 뜻한다. 이런 표현은 문장을 장황하게 만드는 요인이므로 가급적 피하는 것이 좋다.

문제는, 이처럼 쉽게 파악되는 중복 표현만 있는 것이 아니라 숨은 중복 표현도 있다는 점이다. 문장 자체에서는 중복되지 않지만 문맥을 살펴보면 굳이 전달할 의미가 없는 것이 그러하다. 숨은 중복 표현으로 항목을 채우는 것은 소모적인 작업이며, 전달받는 사람도 특별한 의미를 발견하지 못한다. 누차 강조하지만, 매끄러운 정보 처리를 위해서라도 전달하는 내용에는 군더더기가 없어야 한다.

그럼 숨은 중복 표현은 구체적으로 어떤 것이 있을까? 우리 주변에서 쉽게 찾아볼 수 있는 스포츠 중계를 예로 들어보자. 대표팀의 축구 경기를 해설하는 아나운서가 "우리 선수들은 골을 원하고 있네요."라고 말했다. 문장에 표면적으로 드러난 중복 표현은 없다. 그러나 축구를 하는 사람은 당연히 골을 목표로 하기 마련이다. 따라서 이 말에는 새로운 정보가 없다. 이런 것이 숨은 중복 표현이다.

스포츠 해설에는 이와 비슷하게 숨은 중복 표현이 상당히 많다. 야구에서 "슬슬 득점해야 할 시점인데요."라고 하는 말도 마찬가지다. 득점을 기대하지 않고 타자를 내보내는 감독은 없으며 팬들도 마찬가지다. 럭비 경기 중 "강한 태클이 필요합니다."라고 말할 때가 있는데, 럭비를 할 때는 당연히 강하게 태

클해야 한다. 말하는 사람은 그럴듯한 내용을 말해서 뿌듯할지 몰라도 받아들이는 상대에게는 아무런 의미가 없는 내용, 이런 것이 숨은 중복 표현이다.

이제 신입사원 A씨가 포부를 밝힌 예시로 돌아가자(보기 43). 6가지 항목 중에서 표면적으로 중복 표현은 없지만 상대의 관점에서 살펴봤을 때 극히 당연한 일, 하나 마나 한 숨은 중복 표현은 없을까? 먼저 처음 항목인 "고객을 기쁘게 할 수 있는 신상품을 만들겠습니다."라는 말은 언뜻 그럴듯하다. 마케팅은 고객에게 가치를 제공하기 위한 모든 활동이라고 정의할 수 있으므로 마케팅부에서는 누구도 부정할 수 없는 극히 당연한 말이다. 따라서 이 문장은 마케팅부의 선배들에게 아무런 감흥을 주지 못한다.

한편 세 번째 항목의 '스스로 믿을 수 있는 신상품을 만들겠습니다.'는 합격점이라 할 수 있다. 마케팅에서는 고객에게 제공한다는 가치를 지나치게 의식한 나머지, 많은 사람의 의견을 반영하다가 타협의 산물을 만들어버리는 일이 종종 있기 때문이다.

남은 문장은 어떨까? 두 번째 항목의 '차별화된 신상품을 만들겠습니다.'는 공산주의라면 몰라도 시장 경쟁 체제에서의 기업이라면 당연히 하는 일이다. 차별화된 신상품을 만드는 일을 부정하는 사람은 없지만, 누구도 이런 표현에서 특별한 가치를 발견하지는 않는다.

다섯 번째 문장 '효율적으로 열심히 업무를 수행하겠습니다.'는 문장 전체가 숨은 중복 표현이다. A씨에게 열심히 하지 않거나 비효율적으로 일할 것을 바라는 사람은 아무도 없다. 일할 때는 효율적으로 열심히 하는 것이 당연하므로 굳이 포부로 밝힐 필요가 없다. 심하게 말하자면, 이런 말은 듣는 쪽에게는 시간 낭비일 뿐이다.

여섯 번째 항목의 '모든 일에 최선을 다하겠습니다.'라는 말도 마찬가지다. 최선을 다하지 않겠다고 반어적으로 시작하는 것이 차라리 상대의 호기심을 자아낼 테니 의미가 있을 것이다. 애당초 포부와 다짐은 최선을 다한다는 것을 전제로 세우는 것이다. 따라서 이것 역시 표면적으로는 그럴듯하지만 맥락을 따져 보면 아무 의미가 없다.

눈에 띄지 않지만, 네 번째 항목에도 숨은 중복 표현이 있다. 바로 '최대한'이라는 단어다. 우리는 흔히 '최대한 해보겠습니다.'라는 말을 사용하는데, 이는 여섯 번째 항목의 '최선을 다하겠습니다.'라는 말처럼 매우 당연하고 진부한 표현이다. 차라리 극단적으로 말해서 "나는 최대한 열심히 하기보다는⋯⋯." 이라고 내용이 이어진다면 상대는 의아해하며 관심을 보일 것이다. 그렇게 주목을 끌면 말하는 쪽의 의도는 확실히 전해진 셈이다.

신입사원 A씨의 입사 포부에는 숨은 중복 표현이 가득하다. 이 표현을 제거하면 이렇게 된다(보기 44). 6가지였던 것이 2가지로 줄어들었다. 항목이 많다고 좋은 것이 아니다. 무의미한 말을 전달하느니 차라리 전달하지 않는 편이 낫다. 핵심만 간

━━━ [보기 44] **숨은 중복 표현을 제거해서 개선한 예시** ━━━

> **〈나의 6가지 포부〉**
> ● 고객을 기쁘게 할 수 있는 신상품을 만들겠습니다.
> ● 차별화된 신상품을 만들겠습니다.
> ● 스스로 믿을 수 있는 신상품을 만들겠습니다.
> ● 최대한 수많은 신상품을 만들겠습니다.
> ● 효율적으로 열심히 업무를 수행하겠습니다.
> ● 모든 일에 최선을 다하겠습니다.

> **〈나의 2가지 포부〉**
> ● 스스로 믿을 수 있는 신상품을 만들겠습니다.
> ● 수많은 신상품을 만들겠습니다.

추려 상대에게 전달하면 상대는 그 부분에 집중해서 깊이 생각할 수 있기 때문이다. 숨은 중복 표현을 제거하면 마음을 흔드는 메시지로 다시 태어날 수 있다.

프레젠테이션에서 쓰지 말아야 할 단어들

프레젠테이션에서 숨은 중복 표현을 없애고 메시지화하는 것은 특히 중요하다. 이유는 프레젠테이션의 성질을 생각하면 이해할 수 있다. 프레젠테이션은 전달하는 사람이 주도하는 매체로, 진행자의 의도에 따라 흐름이 조절된다. 이야기의 주제와 방식은 물론 슬라이드도 본인의 진행 속도에 맞게 보여주고 지나간다.

듣는 이는 진행자의 속도를 따라가며 긴장을 늦추지 못하고 흘러나오는 정보를 수시로 받아들여야 한다. 모호한 부분이나 납득할 수 없는 부분이 있어도 멈추고 확인할 수 없다. 만약 혼란스러운 부분이 있어 생각을 멈추더라도 이야기는 계속 진행된다.

메일을 볼 때는 모호한 부분이나 납득할 수 없는 부분이 있으면, 멈추고 생각하거나 관련 정보를 찾아서 이해하는 데 도움을 받을 수 있다. 프레젠테이션과 메일은 결정적으로 이런 부분이 다르다. 프레젠테이션은 단어 하나하나를 어떻게 쓰느냐에 따라서도 승패가 좌우된다. 때문에 프레젠테이션에서는 메시지화의 요령인 숨은 중복 표현을 제거하는 일이 매우 중요하다.

구체적으로 프레젠테이션에서 흔히 볼 수 있는 숨은 중복 표현은 무엇이 있을까? 메일과 메모 등 다른 매체에서도 사용되지만, 유독 프레젠테이션에서 자주 눈에 띄는 숨은 중복 표현이 있다(보기 45). 이러한 표현은 정신적인 부분만을 강조하는 기업의 방침 설명이나 경영 전략 발표의 슬라이드에서 자주 볼 수 있다.

다음과 같은 내용이 전형적일 예시일 것이다(보기 46). 사훈처럼 불변의 가치를 말한다면 어느 정도는 당연한 말을 해야 할 필요가 있겠지만, 중기나 단기처럼 기간을 나누는 구체적인 경영 방침을 논할 때는 실질적인 전략이 필요하다. 그리고 전략을 말로 표현할 때는 현재의 위치와 입장이 명확해야 한다.

● **~을 개선한다**

- 제대로 되지 않는 일은 당연히 개선해야 한다.
- 개선하는 일 자체가 아니라 어떤 식으로 개선할지 구체적 방안을 전하지 않으면 의미가 없다.

● **~을 수정한다**

- 제대로 되지 않는 일은 당연히 수정해야 한다.
- 어떤 식으로 수정할지 전하지 않으면 의미가 없다.

● **~을 추진한다**

- 정해져 있는 일은 당연히 추진해야 한다.
- 구체적으로 무엇을 할지 전하지 않으면 의미가 없다.

● **~을 최적화한다**

- 최적화할 수 있다면 당연히 해야 한다. 최적화하고 싶지 않은 사람은 없다.
- 구체적으로 무엇을 하면 최적화되는지 전하지 않으면 의미가 없다.

● **~의 균형을 맞춘다**

- '~을 최적화한다'와 같다. 당연히 균형을 맞추어야 한다.
- 어떻게 하면 균형적인 상태가 되고, 그것을 위해 무엇을 해야 좋을지 전하지 않으면 의미가 없다.

● **~을 철저히 한다**

- 철저히 할 수 있다면 당연히 해야 한다.
- 구체적으로 어떤 식으로 할지 전하지 않으면 의미가 없다.

- **~을 강화한다**
  - '~을 철저히 한다'와 같다. 강화할 수 있다면 당연히 해야 한다.
  - 구체적으로 어떤 식으로 강화할지 전하지 않으면 의미가 없다.

- **~을 실행한다**
  - 하고 있는 일이나 해야 할 일은 당연히 실행해야 하는 것이다.
  - 실행하는 일 자체가 아니라 구체적으로 무엇을 할지 전하지 않으면 의미가 없다.

경영 방침에 숨은 중복 표현만 사용하는 기업은 뭔가 문제가 있다고 의심할 만하다.

처음부터 전략이 불분명하거나, 전략이 있어도 조직 내로 전달하는 힘이 없다면 조직은 움직이지 않는다. 그럼에도 우리는 명확한 입장을 밝히는 것이 두려워 무난한 길을 택하는 관료 사원에게 경영 전략을 책정하도록 하고 있다. 전략이 있든 없든 어느 쪽도 문제가 된다.

앞서 구직 활동에서 압축·요약의 기술이 학생(개인)의 평가에 영향을 미치는 사례를 살펴보았다. 하지만 구직 활동에서 요약의 기술로 평가가 좌우되는 것은 비단 학생만이 아니다. 채용하는 기업 측도 마찬가지다. 채용 관련 팸플릿이나 자사

경영 방침 설명회 자료

〈중간 단계의 경영 방침〉

- 회사의 매출을 개선한다.
- 각 사업을 강화한다.
- 비용 구조를 최적화한다.
- 철저히 수익화한다.
- 단기와 장기의 균형을 맞춘다.
- 개혁을 추진한다.

사이트에 게재하는 경영 방침 등은 기업의 이미지와 직결된다. 그곳에 보기에만 그럴싸한 항목만 나열되어 있는지, 숨은 중복 표현은 없는지 확인해보자. 숨은 중복 표현이 가득한 기업이 중장기적으로 봤을 때 경쟁에서 이길 수 있을까? 학생들은 이 부분을 자문자답하고, 본인의 능력을 펼칠 구직처를 선택할 때 기업의 평가에 활용해보자.

메시지화를 이루는 핵심은

자신의 입장을 명확히 밝히는 것이다.

유의미한 메시지 없이 그럴싸해 보이기만 한

말은 차라리 전하지 않는 편이 낫다.

습관처럼 사용하던

숨은 중복 표현을 제거하면,

남은 핵심에 집중할 수 있다.

부정 표현을 사용해 확실한 의미를 전달한다

메시지화의 두 번째 요령은 부정 표현을 사용해서 문장의 의미를 확실하게 만드는 것이다. 무엇을 부정하는지 명시함으로써 자신의 입장을 명확히 드러낼 수 있다.

간단한 예로, 신입사원 B씨와 상사의 커뮤니케이션을 보며 부정 표현으로 입장을 확실히 밝히는 과정을 살펴보자. 신입사원 B씨가 상사에게 내년의 포부를 전달할 때 다음과 같이 보고했다면 어떻게 될까?(보기 47) 내용은 단 두 줄로 간결하다. 첫 문장에서 생산성을 올린다는 말을 본 상사는 "뭐 이건 당연한

━━━━━ [보기 47] **의도를 알 수 없는 요약** ━━━━━

- 생산성을 올릴 것이다.
- 충돌해야 한다면 하겠다.

얘기지."라고 흘려버릴지 모른다. 업무가 있으면 생산성을 올리는 것은 당연하므로 숨은 중복 표현일 수도 있다.

하지만 B씨가 하려던 말은 당연하고 진부한 말이 아닐 수도 있다. 예를 들면 다음과 같은 경우다. 업무 성과를 기존보다 올리려면, 생산성을 올리거나 노동 시간을 늘리거나 어느 한쪽을 선택해야 한다. 신입사원 B씨는 생산성을 올려서 업무 성과를 올리기보다 근무 시간을 길게 늘려 업무 성과를 채우는 습성을 지적받은 적이 있다. 그래서 B씨가 '생산성을 올릴 것이다.'라고 한 것은 근무 시간을 늘리지 않고 진정한 의미로 생산성을 올리겠다는 포부를 밝힌 셈이다. 그러므로 당연한 일도 아니고 숨은 중복 표현도 아니다.

또한 두 번째 문장에 '충돌해야 한다면 하겠다.'라고 쓰여 있는 것을 본 상사는 "아니, 정말 충돌하려고?"라며 당황할 것이다. 그러나 신입사원의 의도는 물리적으로 충돌하겠다는 의도가 아닐 수도 있다. 가령 신입사원은 자신의 의견을 말해야 하는 상황에서 상대가 윗사람이면 처세를 위해 무난한 길을 택해버리는 성향이 있다고 하자. 그런 사람이라면 '충돌해야 한다면 하겠다.'라고 밝히는 것도 새로운 결의를 나타내는 셈이다. 다만 애석하게도 이 두 번째 문장도 첫 번째 문장과 마찬가지로 이대로는 진정한 의도가 상사에게 전해지지 않는다. B씨가 처한 상황을 알 수 없기 때문이다.

이처럼 본인에게는 숨은 중복 표현이 아니라고 해도 그렇게 보일 가능성이 있을 때는 부정 표현을 사용하는 것이 돌파구가 된다. 우리는 무언가를 전달하려고 할 때 '무엇을 하는가?'에 초점을 맞추기 쉬우며, 반대로 '무엇을 하지 않는가?'는 잘 살피지 않는다. 이 '무엇을 하지 않는가?'를 명시함으로써 강조하면 '무엇을 하는가?'의 의도가 또렷하게 전달된다.

B씨의 예시에는 다음과 같이 부정하는 표현을 넣을 수 있다 (보기 48). 이것으로 상사에게 '근무 시간을 늘리지 않겠다.', '무난한 길을 선택하지 않겠다.'라는 각오가 전해진다. 그러면 상사는 포부를 밝혀준 B씨를 진지하게 생각해줄 것이다. "좋아, 이렇게까지 각오한다면 응원해줘야지."라고 마음이 움직여 적극적으로 지원할지도 모른다. B씨가 생산성을 올리는 일을 도

━━━━━━ [보기 48] **무엇을 하지 않을지 명시해서 강조한다** ━━━━━━

- 근무 시간을 늘리지 않고 생산성을 올릴 것이다.
- 무난한 길을 선택하지 않고 충돌해야 한다면 하겠다.

와줄 수도 있고, 주변 사람과 마찰이 일어났을 때 중재를 해줄 수도 있다.

부정 표현을 효과적으로 사용하면 입장을 명확히 나타내는 메시지가 생기고, 결과적으로 상대의 마음을 움직일 수 있다. 이제 신입사원 A씨가 마케팅부에서 소신을 밝힌 내용으로 돌아가 보자(보기 44). 항목별로 정리한 그 내용도 부정 표현을 사용해 입장을 명확히 할 수 있는 부분이 있다.

원래는 세 번째 문장이며 숨은 중복 표현을 제거해서 맨 처음 문장이 된 '스스로 믿을 수 있는 신상품을 만들겠습니다.'를 보자. 스스로 믿을 수 있는 신상품을 만드는 것은 아주 당연하게 여겨지는 말은 아니지만, 임팩트가 조금 약하다. 어떤 배경이나 관점에서 A씨가 그처럼 말했는지 알 수 없다. 그러므로 이를 명확하게 하기 위해 부정 표현을 사용해보자.

예를 들어 A씨가 '스스로 믿을 수 있는 신상품을 만들겠습니다.'라고 말하는 이유가 '여러 사람의 의견을 들은 끝에 나온 결과물이 이도 저도 아니게 되는 실패'를 피하고 싶기 때문이라고 하자. 더 나아가 시장 조사로 얻은 고객의 목소리에만 부응하는 상품을 만들고 싶지는 않다는 소신을 가졌다고 하자.

신상품 제작은 세상에 없는 것을 만드는 일이다. 시장 조사로 고객의 니즈를 가늠해 본다고 해도, 아직 드러나지 않은 잠재적인 니즈까지 고객으로부터 듣게 되는 일은 드물다. 고객 스스로도 본인의 잠재적 욕구를 알지 못하기 때문이다. 프로 마케터는 그러한 숨은 니즈까지 간파해 최종적으로 그것까지 충족시킬 수 있는 상품을 만들어야 하는 어려운 상황 속에 놓인다. 때문에 유능한 마케터일지라도 위험 요소가 높은 신상품 제작이라는 업무를 할 때는 무의식중에 여러 사람의 현실적인 의견을 듣고 타협하다가 기존에 세웠던 콘셉트를 무너뜨리는 상황을 초래하기도 한다. 특히 시장 조사 등을 통해 실재하는 니즈에만 초점을 맞추어 상품을 만드는 경향이 짙다. 그러나 그렇게 해서는 히트 상품을 노릴 수 없고, 비슷한 상품들과 지리한 경쟁에 휘말릴 뿐이다.

이런 배경에서 A씨는 시장의 목소리 외에 잠재적인 니즈를 고려해서 '스스로 믿을 수 있는 신상품을 만들겠습니다.'라고 말하고 싶었던 것이다. 그렇다면 '시장의 목소리에만 귀를 기울이지 않고'라는 부정 표현을 문장 앞쪽에 넣어보자(보기 49). 부정 표현을 앞에 추가하면 후반부와 대조되어 입장이 더욱 명확하고 단호하게 드러난다.

그러면 상사가 "편한 길을 걸어가기보다 자신의 생각을 확고히 밀어붙이는 유형이군. 기존의 니즈에 편승하지 않고, 타협 없이 잠재 니즈를 계속 찾는 것이 마케팅의 성공 요령이라는

〈나의 2가지 포부〉

- 스스로 믿을 수 있는 신상품을 만들겠습니다.
- 수많은 신상품을 만들겠습니다.

〈나의 2가지 포부〉

- 시장의 목소리에만 귀를 기울이지 않고, 스스로 믿을 수 있는 신상품을 만들겠습니다.
- 수많은 신상품을 만들겠습니다.

것을 알고 있어."라고 높은 평가를 내릴지도 모른다. 그렇게 선배들의 지지와 도움을 얻게 될 것이다.

이처럼 부정 표현은 자신의 입장을 명확히 드러내는 강력한 기술이다. 부정 표현을 적절히 활용하면 상대의 마음을 흔들어 행동으로 나아가도록 만들 수 있다.

부정 표현에 능숙한
소니의 개발 18조

일본의 전자업체 소니(SONY)에는 선배들로부터 전해 내려온 '개발 18조'라는 항목이 있다(보기 50). 여기에는 소니 개발진들이 후배들에게 전하고자 하는 마음가짐이 담겨 있다.

소니의 개발 18조가 우수한 것은 메시지화 때문이다. 선배들이 후배들에게 전달하는 내용이 요약 방식으로 정리되어 명확한 입장을 보여준다. 특히 부정 표현의 쓰임이 돋보인다. 제1조에서는 '고객이 원하는 것이 아니라'라는 말로 실재하는 니즈만

━━━━━ [보기 50] **소니의 개발 18조에 활용된 부정 표현** ━━━━━

> ### 〈개발 18조〉
>
> **제 1 조** : 고객이 원하는 것이 아니라 고객을 위하는 것을 만들어라.
>
> **제 2 조** : 고객의 시선이 아니라 자신의 시선으로 상품을 만들어라.
>
> **제 3 조** : 크기나 비용의 목표는 가능성으로 결정하지 마라. 필요성과 필연성으로 결정하라.

제 4 조 : 시장은 성숙할지도 모르나 상품은 성숙하지 않다.

제 5 조 : 불가능한 이유는 가능하다는 증거다. 불가능한 이유를 해결하면 된다.

제 6 조 : 좋은 것을 싸게 하기보다 새로운 것을 빠르게 하자.

제 7 조 : 상품의 약점을 해결하면 새로운 시장이 생기고, 이점을 개량하면 지금 있는 시장이 넓어진다.

제 8 조 : 압축된 지혜의 양만큼 부가가치를 얻을 수 있다.

제 9 조 : 기획하는 지혜보다 나은 비용 절감은 없다.

제10조 : 후발에서 실패하는 일은 재기불능이라고 생각하라.

제11조 : 상품이 팔리지 않는 원인은 비싸거나 나쁘거나 둘 중 하나다.

제12조 : 새로운 씨앗(상품)은 성장하는 밭에 뿌려라.

제13조 : 타사의 움직임을 신경 쓰기 시작하는 것은 실패의 시작이다.

제14조 : 가능함과 어려움 사이에 있다면 가능하다는 이야기다.

제15조 : 무모해서는 안 되지만 다소 무리하게 하라. 무리하다 보면 발상이 바뀐다.

제16조 : 새로운 기술은 반드시 다음 기술로 인해 바뀔 숙명이다. 그것을 또 자신의 손으로 해내는 것이 기술자의 기쁨이다. 자신이 하지 못하면 타사가 할 뿐이다. 상품 비용도 마찬가지다.

제17조 : 시장은 조사하는 것이 아니라 창조하는 것이다. 세계 최초의 상품을 내는 일은 조사할 방법도 없고 조사해도 믿을 수 없다.

제18조 : 불행하게도 무기력한 상사를 만났을 때는 새로운 아이디어를 상사에게 말하지 말고 먼저 상품(시제품)을 만들어라.

출처 : 가타야마 오사무, 《소니의 법칙》, 쇼가쿠칸분코(1998년)에서 발췌

을 다루는 것을 부정하고 있다. 따라서 '고객을 위하는 것을 만들어라.'라는 말 속에는 세상에 아직 나타나지 않은 잠재적인 니즈까지 다루어야 한다는 점이 포함된다.

제1조가 만약 '고객을 위하는 것을 만들어라.'라는 말뿐이었다면 당연한 이야기로 보였을 것이다. 일부러 '고객이 원하는 것이 아니라'라고 실재하는 니즈에만 마음을 쏟는 것을 부정하는 표현을 넣어 잠재적인 니즈에도 관심을 쏟아야 한다는 점을 역설했다. 제2조, 제3조, 제17조에도 부정 표현을 능숙하게 활용해 입장을 명확히 나타내고 있다.

부드러운 부정 표현 ①
A보다 B

부정 표현에 대해 '좋은 방법이지만, 절대적으로 부정할 수 있는 일이 그리 많지 않을 텐데.'라고 생각할 수도 있을 것이다. 걱정할 것 없다. 절대적으로 부정하기 어려울 때는 'A가 아니라 B'라고 하지 않고 'A보다 B'라고 상대적으로 부정하는 방법이 있다. 비교해서 더욱 좋은 쪽을 고른다는 사실을 강조하는 것이다.

비교 표현으로 부정의 뉘앙스를 나타내는 것만으로도 입장을 명확히 밝힐 수 있다. 가령 'A보다 B다.'라는 문장이 있다고 하자. B가 A보다 좋다고 말하고 있으므로 입장은 명확해지되, A를 무조건 부정하는 것은 아니다.

다음 〈보기 51〉을 보자. '매출을 우선적으로 추구한다.'라는 내용은 성장하는 기업의 경영 방침으로 자주 등장한다. 다만 이것도 보는 사람에 따라 '매출은 항상 추구해야 하는 것이니 당연한 말이지 않나?'라고 느낄 수도 있다. 이럴 때 비교를 통해 부정 표현의 효과를 노린다.

──────── [보기51] **비교에 따른 부정 표현 1** ────────

┌─────────────────────────────────────┐
│　　　　● 매출을 우선적으로 추구한다.　　　　│
└─────────────────────────────────────┘

┌─────────────────────────────────────┐
│　　● <u>이익보다도</u> 매출을 우선적으로 추구한다.　　│
└─────────────────────────────────────┘

예를 들어 '이익보다도 매출을 우선적으로 추구한다.'와 같이 이익과 비교하는 표현을 넣어본다. 이렇게 하면 상대는 '이익보다도 매출을 추구하다니 대담하네. 빠르게 시장 점유율의 우위를 차지해서 경쟁 상대를 시장에서 내쫓은 뒤 이익을 벌어들이겠다는 전략인가.'라고 받아들일 수 있다. 이렇게 매출을 추구하는 입장이 상대에게 명확히 전달된다.

비교 표현으로 부정적인 뉘앙스를 나타내어 입장을 명확히 밝히는 방법은 지금 소개한 'A보다 B' 외에도 여러 가지 패턴이 있다.

부드러운 부정 표현 ②
A에서 B가 된다

이쯤에서 내가 즐겨 사용하는 표현을 하나 소개한다. 'A에서 B가 된다'라고 비교함으로써 부정 표현의 효과를 내는 메시지화의 요령 중 하나다. 단순히 B가 된다고 말하지 않고 'A에서

B가 된다'라는 식으로 출발점을 넣으면 비교 표현으로 부정의 뉘앙스를 줄 수 있다. 결과적으로 '이제 A가 아니다'라는 입장을 명확히 밝히므로 'B가 된다'의 의미가 더욱 잘 드러난다.

1990년대 후반 일본의 이동통신 회사 NTT 도코모의 슬로건은 판매량 증대처럼 양을 추구하는 기업 활동을 멈추고, 질과 가치를 추구하는 기업 활동으로 바꾸어가는 모습을 잘 보여주는 사례다(보기 52). 당시에는 아직 휴대용 무선 호출기의 가입자 수가 휴대전화보다 많았고, 휴대전화의 화면은 흑백이었으며 전자메일을 주고받을 수도 없던 시대였다. 하지만 휴대전화의 판매량이 점점 증가하고 있어 향후 5년 사이에 휴대전화 사업이 양적으로 크게 성장한다는 것은 누구나 예상할 수 있었다.

그러나 당시 도코모는 더 멀리 내다보고 판매량이 침체될 시대를 대비해 미리 질과 가치의 추구라는 방침을 회사 내외에

[보기 52] **비교에 따른 부정 표현 2**

● **볼륨(Volume)에서 밸류(Value)로**

알렸다. 매우 알기 쉬우면서도 확고한 방향을 보여주는 슬로건이었으므로 사원들에게도 잘 전파되었다. 그렇게 도코모의 경영 자원은 양의 추구에서 질의 추구로 옮겨갔다. 이후 일본의 모바일 인터넷 서비스의 발전과 보급은 이 슬로건이 이끌어왔다고 해도 과언이 아닐 것이다.

이처럼 비교의 표현도 사용하기에 따라 부정 표현이 된다. 절대적인 부정을 사용하고 싶지 않은 사람은 비교 표현으로 완곡하게 부정해보자. 부드러운 표현이지만 입장을 확실히 드러내어 메시지화를 이룰 수 있다.

형용사나 부사는 숫자로 바꾼다

세 번째 요령은 숫자를 넣어 이미지를 더욱 선명하게 표현하는 것이다.

숫자를 활용해야 하는 부분은 크기나 분량, 범위 등을 표현한 단어다. 흔히 형용사나 부사를 이용해 크기나 분량을 나타내기 쉬운데, 이 경우 양적 범위는 상대가 해석하기 나름이 된다. 즉 상대에게 해석이라는 정보 처리의 수고가 발생한다. 뿐만 아니라 범위가 부정확하기 때문에 이미지가 쉽게 연상되지 않을 수도 있다. 이때 해당 부분을 숫자로 치환하면 이미지가 한결 선명해진다.

예를 들어 학생이 구직 활동에 필요한 이력서나 입사지원서에 다음과 같이 자기 PR을 했다고 하자(보기 53). 이 내용 안에 숫자로 바꿀 만한 단어가 있는지 보자. 숫자로 표현하면 의미가 더욱 선명해지고 훨씬 돋보이게 강조할 수 있다.

일단 첫 문장에 '수많은'이라는 형용사가 있다. 이것은 숫자로 바꿀 수 있다. 약 1,000명이라고 바꾸면 상대는 '아, 이 사람

- 학생 시절 국내를 찾은 외국인들을 대상으로 관광 통역 봉사활동을 했고, 그렇게 수많은 외국인을 접하면서 다양한 가치관을 지닌 사람들과 커뮤니케이션할 수 있는 능력을 습득했습니다.

- 또한 학생 시절에는 벤처 기업을 세운 뒤 여러 군데의 음식점에서 홈페이지 제작을 의뢰받아 큰 이익을 내는 데 성공했습니다.

은 어설프게 봉사활동을 하던 사람이 아니구나.'라고 느끼고 면접에서 진지하게 이야기를 들어볼 것이다. 또는 한발 더 나아가 '약'을 사용하지 않고 1,047명처럼 정확한 숫자를 넣을 수도 있다. 약 1,000명이라는 수치는 통역 봉사활동 분야에서는 아닐지라도 다른 학생의 홍보 내용 중 등장할 수도 있는 수치다. 하지만 1,047명이라는 구체적인 숫자는 아마 수천 명의 지원자가 있다고 해도 겹치는 사람이 드물 것이다. 실제로 수량에는 강렬한 고유성이 있다. 따라서 이 학생은 면접관에게 인상적인 이미지를 심어줄 수 있고, 말하고자 하는 내용을 확실히 전할 수 있다.

또한 두 번째 문장에서 '여러 군데'와 '큰'이라는 단어를 숫자로 바꿀 수 있다. 가령 '여러 군데'는 '16개'로, '큰'은 '260만 엔'

> ● 학생 시절 국내를 찾은 외국인들을 대상으로 관광 통역 봉사활동
>   을 했고, 그렇게 1,047명의 외국인을 접하면서 다양한 가치관을 지
>   닌 사람들과 커뮤니케이션할 수 있는 능력을 습득했습니다.
>
> ● 또한 학생 시절에는 벤처 기업을 세운 뒤 16개 음식점에서 홈페이
>   지 제작을 의뢰받아 260만 엔의 이익을 내는 데 성공했습니다.

으로 바꿔 보자. 이렇게 하면 상대는 더욱 구체적이고 현실적
인 이미지를 떠올릴 것이다. '16개 점포와 상거래를 했다니. 아
마도 그 이상의 사업체를 돌며 영업을 했겠지. 제대로 했군.'이
라거나 '260만 엔은 기업에서 보자면 적은 금액이지만 학생에
게는 큰 숫자야. 어린 시절부터 꾸준히 노력해온 것 같군.'이라
는 식으로 말이다. 구체적으로 수정하자면 앞에서의 자기 PR
항목은 다음과 같이 쓸 수 있다(보기 54).

숫자를 사용하면 전하고자 하는 내용이 더욱 선명해진다는
사실을 알았을 것이다. 그렇다면 앞서 소개한 신입사원 A씨의
입사 포부 예시에서도 숫자를 사용할 여지가 있는지 확인해보
자. 숫자로 바꿀 수 있는 형용사는 두 번째 문장의 '수많은'이
다. 이것을 구체적인 실제 수량으로 나타낸다. 예를 들어 '3년

〈나의 2가지 포부〉

● 스스로 믿을 수 있는 신상품을 만들겠습니다.

● 수많은 신상품을 만들겠습니다.

〈나의 2가지 포부〉

● 시장의 목소리에 귀를 기울이지 않고, 스스로 믿을 수 있는 신상품을 만들겠습니다.

● 3년 동안 5종 이상의 신상품을 만들겠습니다.

동안 5종 이상'이라는 식이다. 이렇게 항목을 바꾸면 다음과 같아진다(보기 55).

숫자를 사용하면 A씨의 결의가 더욱 진지하게 전해진다. 선배는 '3년 동안 신상품 5종은 꽤 힘든 목표야. 이 사람은 목표를 크게 세우고 자신을 북돋는 유형이군. 성공은 못할 것 같지만 응원해줘야겠어.'라는 구체적인 생각을 떠올린다. 상대의 마음을 흔들어 행동을 이끌어내는 것이다.

해외의 이력서에서 배우는
전달 방식의 기술

실리콘밸리의 전문가들은 그들의 이력서에 압축 요약의 기술을 총동원한다. 다음 〈보기 56〉을 보자. 미리 말하자면, 미국은 이력서에 얼굴 사진을 붙이지 않는 등 국가마다 이력서를 쓰는 양식이 다르다. 그러나 요약의 활용법은 어디든 동일하

━━━━━ [보기 56] 해외 이력서의 요약하기 ━━━━━

- **B사 마케팅 매니저**   2010년~현재
  - 5년간 담당 상품의 매출을 40억 엔에서 100억 엔으로 2.5배 늘렸다.
  - 연간 약 10억 엔의 마케팅 투자를 결정했다.
  - 마케팅팀 15인을 관리하고 있다.

- **A사 어시스턴트 매니저(광고 홍보 담당)**   2002년~2009년
  - 7년간 2개의 신상품 광고를 담당했다.
  - 연간 약 2억 엔의 광고 투자를 결정했다.
  - 광고팀 3명을 관리했다.

다. 그들은 일단 숫자를 넣는 경향이 있다. 특히 권한을 가졌던 금액, 매니지먼트했던 사람 수, 매출과 이익 등의 결과를 산출한 수는 해외 이력서에 등장하는 3대 숫자일 것이다. 그렇게 자신이 가장 어필할 수 있는 사실을 명확히 나타내어 쉽게 전해지도록 한다.

참고로 해외에서는 최근의 경력부터 오래된 순서대로 경력을 기재하는 것이 기본이다. 예전 경력부터 기재하는 것과 대조적이다. 어느 쪽이 나을까? 상대가 별도로 기준을 정해 놓지 않았다면 최근 경력부터 써야 한다. 이전 파트의 이야기화 부분에서 다룬 내용인데, 상대가 기대하는 답부터 전달하는 것이 훅이 되기 때문이다. 자기소개를 요청했을 때 현직보다 과거의 직장을 먼저 듣고 싶은 면접관은 없을 것이다. 이렇게 볼 때 예전 경력부터 기재하는 이력서는 기업의 글로벌화가 진행되면 모두 없어질지도 모른다.

본론으로 돌아가 보자. 숫자를 사용해서 자신의 입장을 명확히 나타낼 수 있는 것은 경력만이 아니다. 학생이 기업에 제출하는 입사지원서의 내용도 마찬가지다. 학생들 중에는 자신이 무엇을 어필할 수 있는지조차 잘 모르는 사람도 많다. 그럴 때는 숫자로 생각해보자. 자신의 경력과 경험을 어떻게 수치화할 수 있을까? 그 숫자에서 지표는 무엇일까?

예를 들면, 사교적인 성격이 장점인 사람은 학생 시절에 몇 명의 사람을 만났는지 쓸 수 있다. "4년 동안 2,541명의 사람을 만나서 교류하고, 그들로부터 다양한 배움을 얻었습니다."라고 하면 면접관은 '잘은 모르겠지만, 이 사람은 진지하게 말하고 있군.'이라고 생각할 것이다.

이처럼 전하려는 내용을 수치화해 생각하면 새삼 자신이 어 필할 수 있는 점이 보인다. 그 숫자를 항목에 넣으면 면접관의 눈길을 사로잡아 취업에 성공할 가능성이 보다 높아질 것이다.

비전에는 2가지 숫자가 필수다

기업에서는 저마다의 비전(Vision, 지향점, 사업 전개 방향, 전략 등을 포함해 조직 구성원 전체가 공유하는 경영 구상)을 내건다. 최근에는 대학에서도 비전을 만드는 경우가 있다. 비전은 대부분 핵심을 간추린 항목 형태로 작성되어 공표된다. 하지만 애석하게

도 그 태반은 비전으로 기능하지 않는 단순한 나열로 끝난다. 이유는 간단하다. 숫자가 들어가지 않기 때문이다. 비전에도 숫자가 필요하다.

종종 '세계적으로 사업을 확대한다.'라는 비전을 보곤 한다. 기업이 이런 비전을 내거는 일 자체를 부정하지는 않는다. 기업이 추구해야 할 일이기 때문이다. 기업 이념과 사훈이라는 형태로 기업의 사명과 책임을 나타내는 것은 좋다. 그것은 불변하는 것이며 사원 개개인이 최소한 지켜야 하는 것이다.

하지만 구체적인 비전이라면 이야기가 달라진다. 애초에 비전은 '기업이 어디로 향해야 하며, 언제, 무엇을 달성하고 싶은가?'라는 미래의 모습을 그리는 것이다. 이것을 사원과 공유함으로써 같은 목표를 향해서 같은 보폭으로 걸을 수 있다.

조직의 구심점이 되는 비전으로서의 미래 모습을 그리려면 그것을 달성하는 시점이 언제이며, 어느 수준인지 알아야 한다. 그렇지 않으면 아무리 비전을 공유한들 사원들은 어떤 목표를 향해서 얼마의 속도로 움직여야 하는지 알 수 없다. 동서남북 중 어느 쪽이 목적지인지, 몇 미터 혹은 몇 킬로미터를 가야 하는지 알 수 없는 달리기 경주에 참가하기를 종용하는 것과 같다.

비전에는 상태를 나타내는 숫자와 기한을 나타내는 숫자 2가지가 필요하다. 숫자를 넣기 어렵다면 정도를 알 수 있는 말이나 실현 여부를 판가름할 수 있는 말이라도 좋다. 예를 들어 '2030년까지 세계 30개국에서 사업을 전개한다.', '5년 후에는 세계적으로 업계 톱이 된다.'라는 식이다.

경영진이 아무리 '세계적으로 사업을 확대한다.'라고 외쳐도 매일 현장에서 업무를 처리하는 사원들의 판단과 행동을 바꾸는 계기가 되지는 않는다. 하지만 '5년 후에는 세계적으로 업계 톱이 된다.'라고 들으면 현장 사원들의 움직임이 바뀔 것이다. 인사부는 국내의 대학에서 막 졸업한 사람만 채용했던 것에서 해외 업계 전문가를 채용하는 쪽으로 변화를 줄지 모른다. 5년 후에 톱이 되려면 대졸 신입만 채용해서는 즉각적인 전력이 되지 않아 계획이 지연될 수 있기 때문이다. 상품을 제작할 때도 국내 시장의 마케팅에만 주력하던 것에서 나아가, 해외 시장 조사에 시간과 비용을 투자하기로 판단할 수 있다. 5년 후 세계적인 업계 톱이 되는 데에 국내 시장의 니즈만을 타깃으로 한 상품은 통용될 리 없기 때문이다.

목표 수준과 기한의 범위를 알 수 없는 비전은 어떤 구심점도 되지 못한다. 말만 그럴싸할 뿐, 내세울 의미가 없는 자기만족에 그치기 일쑤다.

비전은 조직에만 있는 것이 아니다. 개인에게는 비전과 비숫한 의미로 꿈이 있다. 어떤 사람은 스스로 용기를 북돋기 위해 꿈을 항목 형태로 정리해서 명시하기도 한다. 예를 들어 '언젠가 소설가가 될 것이다.'라고 하기보다 '5년이 지나기 전까지 문예지의 신인상을 수상할 것이다.'라고 하는 식이다. 그렇게 하면 '어느 문예지에 응모할까?', '그 문예지의 과거 수상작은 어떤 경향을 보이는가?' 등 다방면으로 의식이 향한다. 그리고 무엇보다 자신이 어떤 작품을 쓰고 싶은지 돌아보게 될 것이다.

"영어를 능숙하게 하고 싶다.", "시간이 있다면 공부하자."라고 말하는 사람은 결국 아무것도 하지 못할 가망성이 크지만, "3년 후에 토익 950점을 달성하겠다."라고 밝히는 사람은 반드시 무언가를 시작한다. 자신의 비전과 꿈에 기한이나 달성 수준을 나타내는 숫자가 있는지 확인해보자. 그저 정신적인 부분에만 기대고 있지 않은지, 목표가 보이지 않는 달리기 경주를 하고 있지 않은지 점검해보자.

다시 말하지만, 메시지화의 세 번째 요령은 숫자를 이용해 이미지를 선명하게 만드는 일이다. 그에 따라 간결하고 설득력 있게 핵심을 전하는 압축·요약하기에 더욱 가까이 다가갈 수 있다.

무난함을 선택하는 자신이 최대의 적이다

지금까지 메시지화의 3가지 요령인 '숨은 중복 표현 제거하기, 부정 표현 사용하기, 숫자 사용하기'를 제안했다. 그 과정을 거쳐 신입사원 A씨의 입사 포부는 다음처럼 수정되었다(보기 57). 본래 항목도 몇 줄의 짧은 문장을 정리한 것이었지만, 보기에만 그럴듯할 뿐 지나치게 무난하고 입장도 모호했다. 즉 상대의 마음을 흔드는 글이 아니었다.

그래서 3가지 요령으로 입장을 명확히 밝히고 메시지화함으로써 더욱 간결하고 설득력 있게 내용을 간추렸다. 이 발표는 한 명당 1분의 시간밖에 주어지지 않으므로 짧고 눈에 확 띄게 전하는 일이 무조건 중요하다. 지장 없이 무난한 선에서 아무런 인상도 남기지 않는 내용으로 설명하는 것은 안타까울 정도로 무의미한 일이다.

이럴 때야말로 압축·요약의 기술을 활용해 간결하고 매력적으로 프레젠테이션을 선보이고, 자신이 하고 싶은 말을 정확히 전해야 한다. 입장을 명확히 밝히고 메시지화하면 상대의 마음

〈나의 6가지 포부〉

- 고객을 기쁘게 할 수 있는 신상품을 만들겠습니다.
- 차별화된 신상품을 만들겠습니다.
- 스스로 믿을 수 있는 신상품을 만들겠습니다.
- 최대한 수많은 신상품을 만들겠습니다.
- 열심히 효율적으로 업무를 실행하겠습니다.
- 모든 일에 최선을 다하겠습니다.

〈나의 2가지 포부〉

- 시장의 목소리에만 귀를 기울이지 않고, 스스로 믿을 수 있는 신상품을 만들겠습니다.
- 3년 동안 5종 이상의 신상품을 만들겠습니다.

을 흔들고 강렬한 인상을 남길 수 있다.

그러나 세상에는 메시지화되어 있지 않은, 겉보기에만 그럴싸한 말이 만연해 있다. 그럴싸한 문장으로 만들어진 요약은 무난하게 매사를 처리하고 싶어하는 사람이 미리 내리는 결론과도 같다. "효율적으로 열심히 업무를 수행하겠습니다."라는 말은 직장인에게 아주 당연한 일이므로 아무도 이의를 제기하지 않는다. 구직 활동에서의 자기 PR이나 기업 경영 전략의 대다수가 이와 같은 허울 좋은 문장으로 채워져 있다. 이런 내용들은 굳이 부정하는 사람은 없지만, 누구의 마음도 흔들지 못하므로 세상의 무엇도 바꿀 수 없다.

형식만 갖춘 '요약'을 벗어나, 메시지화를 통한 '압축·요약'으로 사람의 마음을 움직이기 위해서는 무난함을 적으로 삼아야 한다. 최대의 적은 상대도, 주변 여건도, 위험 요소도 아닌 자기 자신이다. 무난한 길을 선택하려고 하는 자신이다. 앞서 이야기화에서 상대가 누구인지 자문자답하는 일이 필요하다고 말했다. 메시지화도 마찬가지다. 무난한 길을 선택하고 있지 않은가? 타인의 눈을 신경 써서 뒷걸음질을 치고 있지 않은가? 이것을 자신에게 끊임없이 질문해야 한다. 당연한 일, 보기에만 그럴싸한 내용을 전달한다면 처음부터 전달할 필요가 없다.

상대에게 말하고자 하는 바, 설득하고자 하는 바가 있기에 핵심을 담아 매력적으로 전하려는 것이다. 압축·요약은 핵심을 전하고 상대의 마음을 흔든다. 위험한 측면이 있음은 인정하되, 거기에서 무난하게 도망치려고 하는 자신을 극복해야 상대에게 더욱 깊이 있는 내용을 전하고 마음을 움직일 수 있다. 그럼으로써 원하는 기회를 잡을 수 있다.

압축 · 요약의 기술은 말장난도, 단순한 교정법도 아니다. 철저하게 상대의 관점에서 생각하고, 그 사람의 정보 처리를 돕는 작업이다. 그럼으로써 상대의 행동을 이끌어내면 나와 내 주변이 바뀐다. 압축 · 요약이란 세상의 변화를 만들어내는 작업이다. 그것은 동시에 자신의 마음을 변화시켜 나가는 작업이기도 하다.

'무엇을 하지 않는가'를 강조하면

'무엇을 하는가'의 의도가 명확히 전달된다.

이것이 부정 표현의 힘이다.

목표 수준과 기한의 범위를

수치화할 수 없는 모호한 비전은

어떤 구심점도 되지 못한다.

말만 그럴싸할 뿐,

내세울 의미가 없는 자기만족에 그친다.

PART 5

|

요약의 기술을
더욱 잘 활용하려면

지금까지 배운 압축·요약의 방식을 이용해 평소의 생각, 말하고 자 하는 내용을 메모해보자. 그것을 바탕으로 아이디어를 떠올려 기획서를 쓰거나 회의할 때 자료로 사용할 수 있고, 슬라이드를 만들어 프레젠테이션을 할 수도 있다. 생활과 업무에서 자주 실 행해보고 고쳐나가는 것이 기술을 향상시키는 최고의 방법이다.

요약의 기술을
더욱 잘 활용하려면

압축·요약의
기술 정리

지금까지 간결하고 매력적으로 핵심을 전하는 압축·요약에 필요한 3가지 기술과 이를 실제 생활에서 적용하는 방법을 알아보았다. 정리하면 다음 표와 같다(보기 58).

흔히 요약을 한다고 하면, 글의 분량을 줄여 항목 형태의 짧은 문장을 나열하는 데 그치기 일쑤다. 하지만 그렇게 해서는 의미를 제대로 전할 수 없다. 간결하면서도 눈에 확 띄게 핵심을 전하기 위해서는 구조화, 이야기화, 메시지화의 3가지 요건

구조화	이야기화	메시지화
단계를 정리한다.	훅을 만든다.	입장을 명확히 밝힌다.
↓	↓	↓
● 자동사와 타동사 ● 직렬과 병렬 ● 거버닝	● 도입부 ● MECE 무너뜨리기 ● 고유 명사	● 숨은 중복 표현 제거 ● 부정 표현 ● 숫자

을 충족하는 압축 · 요약이 이루어져야 한다.

구조화는 글을 읽는 사람이 사안의 전체 모습을 즉각적으로 이해하게 한다. 내용이 아무리 좋아도 전체상이 잘 보이지 않으면 읽을 마음이 들지 않는다. 시작조차 제대로 할 수 없는 것이다. 따라서 구조화에서는 읽는 이가 전체 모습을 한눈에 이해할 수 있도록 각 항목을 큰 줄기와 가지의 형태로 정리한다.

이야기화는 읽는 이가 흥미를 잃지 않고 마지막 문장까지 진지하게 검토하게 한다. 내용을 읽기 시작했더라도 집중을 이어가지 못하고 흥미를 잃어버리면, 전달하려고 했던 바를 제대로 전할 수 없다. 따라서 이야기화에서는 상대가 관심을 가지고 마지막까지 읽을 수 있도록 상대의 입장과 상황을 면밀히 고려해서 전체의 흐름을 만든다.

메시지화는 읽는 사람의 마음을 흔든다. 모든 내용을 읽었음에도 그 사람의 마음에 내가 전하고 싶은 의미가 완벽하게 닿지 않았다면, 그저 형식적으로 '전달'되었을 뿐인 거다. 따라서 메세지화에서는 글을 읽는 상대의 마음을 흔들 수 있도록 각각의 문장 표현을 전략적으로 다듬는다.

이 3가지는 센스가 아니라 기술을 이용해 구사할 수 있다. 구조화에서는 단계를 정리하는 일이 필요하다. 그 요령은 자동사와 타동사를 구분해서 쓰기, 직렬과 병렬로 생각하기, 그리고 거버닝이다. 이어서 이야기화에서는 훅을 만드는 일이 필요하다. 그 요령은 도입부 만들기, MECE 무너뜨리기, 고유 명사 사용하기이다. 마지막으로 메시지화에서는 입장을 명확히 밝히는 일이 필요하다. 그 요령은 숨은 중복 표현 제거하기, 부정 표현 사용하기, 숫자 사용하기이다.

이러한 기술을 습득함으로써 언제 어디서 누구에게나 간결하고 매력적으로 내 생각과 정보를 전할 수 있는 압축·요약의 글을 쓸 수 있다.

압축·요약의 기술을 익혔다면 메일, 의사 메모, 프레젠테이션 등에서 이를 활용해 정보를 전달해보자. 생활과 업무에서 자주 활용해보는 것이 기술을 향상시키는 최고의 방법이다.

압축·요약하기는 다양한 곳에 응용할 수 있는데, 머릿속 생각을 정리하고 매사를 체계적으로 전달하는 데에도 효과적이다. 방법은 간단하다. 지금까지 배운 압축·요약의 방식으로 평소의 생각, 말하고자 하는 내용을 메모해보자. 그것을 바탕으로 아이디어를 떠올려 기획서를 쓰거나 회의할 때 자료로 사용할 수 있고, 슬라이드를 만들어 프레젠테이션을 할 수도 있다. 항목 형태로 메모를 작성하는 과정에서 이미 상당 부분의 정보를 처리하므로 다방면에서 편리하게 응용할 수 있다.

외국계 컨설팅 업계에서 실행하는 스토리 라인(Story Line) 만들기도 그 중 하나다. 스토리 라인은 '스토리 라이팅(Story Writing)'이라고도 불리는데, 프레젠테이션에서 말하고자 하는 내용의 흐름을 가리킨다. 그림과 그래프만으로 슬라이드를 꾸며 프레젠테이션을 한다고 해도 전달하고자 하는 요점과 전개 순서를 슬라이드 작성 전에 요약 형태로 구상해놓는 것이다.

요약한 항목을 슬라이드에 하나씩 담는다는 생각으로 자료를 준비하면 전체 구성과 개별 슬라이드가 빈틈없는 짜임새를 이루어 이해력이 한결 높아진다. 텍스트 항목을 넣지 않는 프레젠테이션이더라도 스토리 라인을 미리 만들어 두면, 사고가 정리되어 의도한 정보를 명확하게 전달할 수 있다. 숙련된 컨설턴트는 요약으로 전달하지 않을 때도 반드시 스토리 라인을 작성한다.

자신의 장점을 어떻게 전달할 것인가?

한 학생이 구직 활동을 위해 자신의 장점을 어필하는 슬라이드를 제작한다고 해보자. 마찬가지로 이때도 곧바로 슬라이드를 만드는 것이 아니라 먼저 스토리 라인을 작성한 뒤 본격적

- **장점은 영어 실력과 국제 감각 2가지다.**
  ① 영어 실력에 관해 말하자면, 토익 950점이다.
  ② 국제 감각에 관해 말하자면, 국제 발표를 3번 한 경험이 있다.

- **영어 실력과 국제 감각을 대학 시절 유학과 국제적인 연구로
  터득했다.**

인 자료를 만든다.

자기 PR을 위해 다음과 같이 항목을 정리했다고 하자(보기 59). 처음 상위 항목에서는 거버닝을 사용해서 2가지 장점을 밝히고 있다. 두 번째 상위 항목에서는 장점의 배경이 되는 과거의 노력을 전달해서 설득력을 더하고 있다. 이처럼 스토리를 정리한 뒤 그대로 슬라이드로 구성하면 된다.

예를 들어 다음과 같이 만들 수 있다(보기 60, 61). 슬라이드의 상부에는 '리드'라고 부르는 문장이 하나 들어간다. 리드에는 가장 강조하고자 하는 내용이 들어가야 하므로 상위 항목의 문장을 각각 넣자. '원 슬라이드 원 메시지'라는 형태를 기억하고 반드시 한 문장씩 넣는다.

━━━ [보기60] **자신의 장점을 슬라이드로 만든다 1** ━━━

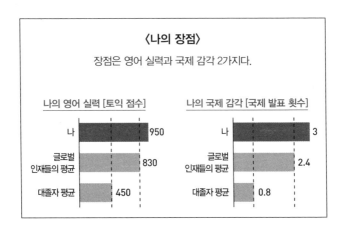

━━━ [보기61] **자신의 장점을 슬라이드로 만든다 2** ━━━

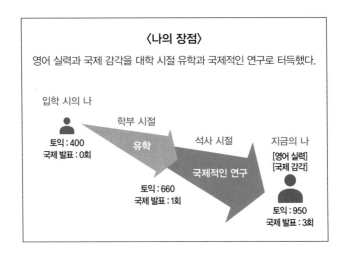

이렇게 각 슬라이드의 리드에 상위 항목이 들어갔다. 〈보기 60〉을 보자. 이 예시에서는 '장점은 영어 실력과 국제 감각 2가지다.'라는 항목이 리드가 된다. 하위 항목인 토익 점수와 국제 발표 횟수에 대한 정보는 도식화한다.

〈보기 61〉을 보자. 하위 항목 정보가 없을 경우에는 리드 문장에 관련된 정보를 응용해 도표와 그림으로 나타낸다. 이렇게 해서 더욱 알기 쉬운 슬라이드를 만들 수 있다.

슬라이드를 작성하다 보면 본래 전달해야 할 내용을 잊어버리고 '쓸 수 있는 자료'나 '쓰기 쉬운 정보'만을 사용하는 경우가 있다. 혹은 보기 좋은 도표나 그래프 만들기에만 매달리기도 한다. 이는 주객이 전도된 상황이다. 이렇게 되지 않으려면 중요 내용을 간추린 스토리 라인을 만들어 정보를 정리해둘 필요가 있다. 슬라이드를 만드는 것은 그다음 순서다. 그러면 정리한 항목을 슬라이드에 직접 넣지 않아도 상대를 확실히 이해시키는 성공적인 프레젠테이션을 할 수 있다.

비즈니스 프레젠테이션에는 스토리가 필요하다

이미 설명했듯이 숙련된 경영 컨설턴트는 슬라이드를 만들기에 앞서 스토리 라인을 작성한다. 앞에서는 이해가 쉽도록 학생의 자기 PR을 예시로 들었는데, 당연히 비즈니스에서도 응용할 수 있다.

'일과 생활의 균형'에 대한 사원들의 낮은 만족도 때문에 고민하는 인사부 직원이 있다고 하자. 이 문제를 개선하기 위한 프레젠테이션에 앞서 슬라이드 자료를 작성하려고 한다. 이와 같은 경우도 스토리 라인을 만드는 것부터 시작한다(보기 62). 그리고 그것을 바탕으로 슬라이드를 하나씩 작성한다. 다시 말하지만, '원 슬라이드, 원 메시지'의 형태이다(보기 63).

스토리 라이팅은 전달해야 할 내용이 다양하고 복잡할 때 특히 효과적이다. 슬라이드를 만들고 나서 무엇을 강조하고 싶은지 생각하면 수정하기가 힘들다. 사전에 항목별로 스토리를 만들어 가장 전달하고 싶은 내용을 상위 항목으로 정리하고 그것을 각 슬라이드의 리드에 배치하여 원 슬라이드, 원 메시지 형태로 설정한 다음 시각화하는 것이다.

여기에서는 프레젠테이션을 예로 들었지만, 기획서나 보고서를 작성할 때도 응용할 수 있다. 실제로 적용해보면 생산성의 향상을 실감할 수 있을 것이다.

─────── [보기 62] **비즈니스에서 활용하는 스토리 라인의 예시** ───────

- **우리 에이스 상사의 사원들은 일과 생활의 균형에 대한 만족도가 타 경쟁사와 비교해서 낮다.**

- **그 원인은 3가지다.**

  ① 유연 근무제 등 작업 방식의 자유도를 높이는 제도가 없다.
  ② 오피스의 IT화가 늦어져서 작업하는 데 시간이 걸린다.
  ③ 담당 부장 등 관리직 클래스가 이해하지 못하는 현장의 작업 방식 문제가 계속 방치되고 있다.

- **시급한 해결이 필요하므로 우선순위를 매기지 말고 사장님의 지시로 일괄적으로 동시에 바꾼다.**

*** **유연 근무제** : Flex Time, 근로자가 개인 여건에 따라 근무 시간과 형태를 조절할 수 있는 제도

슬라이드 1

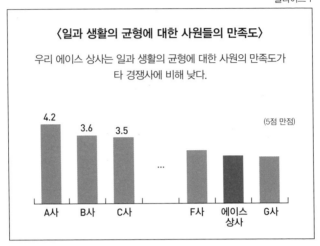

슬라이드 2

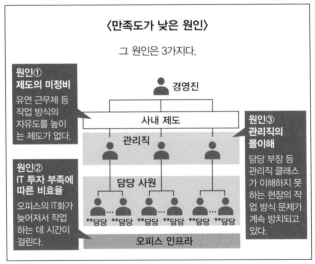

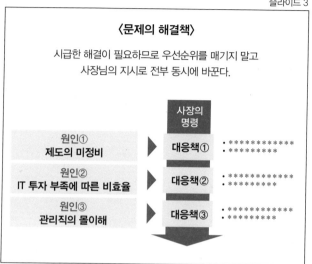

그림과 그래프만으로 슬라이드를 꾸며

프레젠테이션을 할 때에도

전하고자 하는 요점과 이야기의 흐름을

슬라이드 작성 전에 구상해놓는다.

스토리 라인을 만들어 놓으면

'쓸 수 있는 자료'나 '쓰기 쉬운 정보'만으로

슬라이드를 채우는 것을 방지하고,

의도한 정보를 명확하게 담을 수 있다.

압축 · 요약의 기술은 일반적인 글쓰기 능력을 향상시키는 데에도 효과적으로 활용할 수 있다. 특히 논설문을 쓸 때 많은 도움이 된다.

논설문은 패러그래프 라이팅(Paragraph Writing)이 필요하다. 패러그래프 라이팅이란 전체 문장들을 몇 개의 단락으로 나누고, 각 단락의 앞머리에 해당 단락이 주장하는 핵심이 무엇인지 한 문장으로 나타내는 서술 방법이다.

잘 쓴 논설문은 주장과 논리가 명확한 반면, 그렇지 않은 논설문은 많은 정보를 열거해 놓았음에도 주장과 논리가 불분명하다. 논설문을 쓸 때 세계 공통의 쓰기 기술인 패러그래프 라이팅을 활용해야 하는 이유가 여기 있다. 그리고 패러그래프 라이팅으로 글을 쓸 때에도 압축 · 요약의 기술이 진가를 발휘한다. 비즈니스뿐 아니라 학술 분야에서도 쓸 수 있는 만국 공통의 기술인 셈이다.

방금 말했듯이, 패러그래프 라이팅은 각 단락의 선두에 그

단락이 무엇을 말하고 있는지를 한 문장으로 나타낸다. 그래서 각 단락의 첫 문장을 모으면 자연스럽게 전체의 요약이 된다. 통찰력이 좋은 사람은 깨달았을지도 모르지만, 이 전체의 요약은 글을 통해 전달하고 싶은 내용을 압축·요약한 것과 거의 흡사하다.

그럼 압축·요약하기를 활용한 패러그래프 라이팅의 예를 살펴보자. 럭비팀의 전력을 끌어올릴 강화책을 주장하는 글을 쓰기 위해, 먼저 다음과 같이 말하고자 하는 요점을 항목으로 정리한다(보기 64). 이 항목들을 각 단락의 첫 문장에 놓고 상세 내용을 이어서 열거하는 방식으로 써 나가면 된다. 하위 항목

━━━ [보기 64] 패러그래프 라이팅을 위한 압축·요약의 예시 ━━━

- **럭비는 월드컵의 영향으로 주목받게 되었다.**
- **일본 대표팀의 전력을 더욱 강화하려면 3가지 승부수가 필요하다.**
  ① 경험이 풍부한 코치를 초빙해야 한다.
  ② 해외에서 세계 일류 선수를 톱 리그에 데려와야 한다.
  ③ 팬의 저변을 넓혀야 한다.
- **일본에서 월드컵이 열리는 이 타이밍이야말로 일본의 럭비에서 승부수를 던질 최대의 기회다.**

은 해당 상위 단락에서 행이 바뀌는 부분에 넣는다.

〈보기 64〉의 항목을 이용해 패러그래프 라이팅을 하면 〈보기 65〉과 같다. 가장 전달하고 싶은 문장이 단락의 맨 앞에 있는 것을 확인할 수 있다. '경험이 풍부한 코치를 초빙한다.' 등의 하위 항목은 단락 내에서 행이 바뀌는 부분의 앞머리에 넣었다.

━━━ [보기 65] **압축 · 요약에 기반한 패러그래프 라이팅 예시** ━━━

럭비는 월드컵의 영향으로 주목받게 되었다. 2015년 영국에서 열린 제8회 럭비 월드컵에서 일본 대표팀은 눈부신 활약을 했다. 이전까지 열린 7번의 월드컵에서 일본 대표팀은 겨우 1승밖에 거두지 못했다. 그런데 제8회 월드컵에서 무려 3승을 거둔 것이다. 특히 처음으로 맞붙게 된 남아프리카와의 경기는 스포츠 역사상 최대의 이변이라고 보도되며 일본뿐 아니라 전 세계가 일본 럭비에 주목하는 계기가 되었다.

일본 대표팀의 전력을 강화하기 위해서는 3가지 승부수가 필요하다. 일본 대표팀은 이번 월드컵에서 대활약했지만, 4년 후에 또다시 월드컵이 개최된다. 미래의 월드컵을 향한 경쟁은 이제 시작이다. 따라서 지금부터 일본 대표팀의 전력을 더욱 빈틈없이 보강할 대책이 필요하다. 그 방법을 정리해보자.
먼저 **경험이 풍부한 코치를 초빙해야 한다.** 이것이 첫 번째 승부수

다. 이번 월드컵에서 일본 대표팀의 약진에는 수석코치였던 에디 존스(Eddie Jones)의 수완이 큰 효과를 발휘했다. 그는 대표팀에게 혹독한 훈련을 부과했고 해외 원정도 적극적으로 추진했다. 그것은 모두 노련한 경험이 있기에 가능했던 일이다. 다음 수석코치도 경험이 풍부한 인재가 필요하다.

해외에서 세계 일류 선수를 톱 리그로 데려와야 한다. 이것이 두 번째 승부수다. 톱 리그(일본 내의 세미프로 럭비 대회)의 수준이 올라가면 선수 수준도 따라서 올라간다. 톱 리그에서 대표팀 선수를 대부분 선출하는 일본 대표팀 입장에서는 톱 리그의 수준 향상이 곧 대표팀의 수준 향상으로 직결된다. 이를 위해서라도 톱 리그에 오스트레일리아나 뉴질랜드, 남아프리카 등에서 세계 일류 선수를 데려와야 한다.

세 번째로 **팬의 저변을 넓혀야 한다.** 일본 대표팀에 투자하는 일도, 톱 리그의 팀에 투자하는 일도 자본이 필요하다. 그러려면 팬의 저변을 넓혀 더욱 많은 사람이 럭비에 관심을 가지게 하고 경기를 관람하도록 유도해야 한다. 이를 위해서는 미디어 취재에 적극적으로 협력하고 팬과의 다양한 교류 행사를 개최하는 등 좀 더 다채로운 노력을 기울여야 한다.

일본에서 월드컵이 열리는 이번 타이밍이야말로 일본 럭비가 승부수를 던질 최대의 기회다. 앞의 3가지 승부수는 무엇 하나 빠져서는 안 된다. 3가지 전부 꾸준히 실행하려면 관계자와 팬 한 사람 한 사람의 관심이 지속되어야 한다. 그 점에서는 지금이 기회다. 다음 월드컵은 일본에서 개최된다. 따라서 한동안은 관계자와 팬들 사이에서 관심이 높아질 것이다. 다음 월드컵까지 남은 4년의 기간이 월드컵 일본 대표팀뿐만 아니라 그 후의 일본 대표팀의 발전도 좌우할 가능성이 크다.

이처럼 압축·요약한 자료를 바탕으로 패러그래프 라이팅을 하면 글의 요점이 일목요연하게 정리되어 이해력과 설득력을 높일 수 있다. 또한 각 단락에서 무엇을 전달해야 할지 사전에 항목별로 정리해둠으로써 중요한 내용이 누락되는 것을 방지할 수 있고, 논리적인 흐름으로 전개함에 따라 글쓰기의 질을 더욱 향상시킬 수 있다.

기획 입안과 집필에도 활용한다

이 책도 맨 처음은 요약하는 방식으로 전체를 정리한 뒤 패러그래프 라이팅에 들어갔다. 기획 초기에 항목별로 정리한 내용 일부를 소개하면 다음과 같다(보기 66). 처음에는 단순한 문장의 나열에 지나지 않았지만, 여기에서 구조화, 이야기화, 메시지화를 거치는 동안 내용과 순서를 바꾸며 구성해나갔다.

무작정 정보를 열거하는 방식으로 진행하는 것이 아니라,

머리말

- 최근 커뮤니케이션 능력이 중요시되는 덕분인지 학생부터 비즈니스맨까지 말솜씨가 유창한 사람이 늘어나고 있다.

- 다만 말솜씨가 유창해도 '언어는 명료하지만 의미가 불명료'한 사람이 많다. 즉 유창하게 말은 하지만, 무엇을 말하고 싶은지 알 수 없는 경우가 많다.

- 이런 사람에게는 화이트보드에 써도 되고, 메일로 보내도 좋으니 "지금 말한 것을 항목별로 정리해 주시겠어요?"라고 부탁하고 있다.

- 그렇게 하면 말하는 언어는 명료한데 어째서 그 의미를 이해하지 못하는지 명백해진다. 결론이 모호하거나 그 결론까지 가는 과정의 논리가 모호한 것을 한눈에 알 수 있기 때문이다.

- 다시 말해 요약한 글을 보면 그 사람의 사고와 전달 방식의 역량을 평가할 수 있다.

- 기업의 채용 담당자 중에는 제출된 입사지원서나 이력서에 항목별로 요약한 내용을 보고 그 완성도가 부실하면 색안경을 끼고 보는 사람도 적지 않다.

- 구직 활동만이 아니다. 기업에서 하는 프레젠테이션, 대학생들이 작성하는 리포트 등에서도 내용은 훌륭하지만 요약의 완성도가 형편없는 탓에 좋은 평가를 받지 못하는 사람이 꽤 많다.

- 즉 곳곳에서 본인의 요약 능력이 평가되고 있다. 요약을 어떻게 하느냐에 따라 경력이 막히기도 하고, 길이 열리기도 한다.

- 이 책은 그런 사람들에게 처방전이 되는 기술을 제공한다. 그것이 압축·요약의 기술이다.

- 요약의 방식은 누구나 흔하게 접하면서도 대다수가 잠재력을 살리지 못하고 있다. 즉 평범하지만 최강의 기술이다.

- 이런 이유로 내용을 단순히 나열하는 것이 아니라 간결하고 눈에 확 띄게 전달하는 최고의 수단인 압축·요약의 기술을 체계적이고 알기 쉽게 소개하고자 한다.

전달하려는 요점을 항목으로 정리해서 단락별로 나눠 기술하는 것이 포인트다. 이렇게 먼저 확실히 구성을 잡으면 책에 담고자 하는 내용이 일목요연하게 정리되어 체계적으로 글을 써나갈 수 있다. 압축·요약의 기술을 패러그래프 라이팅의 출발점으로 활용해보자.

압축·요약의 기술로
영어 커뮤니케이션 능력까지 향상시킨다

요약은 커뮤니케이션의 방식을 질적으로 개선하고 전달과 설득의 힘을 높이는 든든한 토대다. 상대에게 무언가를 전달하고 싶지만 외면당하거나 지적받아서 전하지 못하고 있는가? 요약은 그런 사람에게 내리는 처방전이다. 압축·요약의 기술을 잘 활용하면 간결하고 매력적으로 정보를 전달할 수 있으며, 스토리 라이팅을 통해 슬라이드도 짜임새 있게 작성할 수 있다. 패러그래프 라이팅을 통해서는 문장을 열거해서 글을 쓰는 실력도 향상시킬 수 있다.

마지막으로 한 가지 더 이야기하자면, 영어를 배우는 데 어려움을 겪는 사람일수록 요약의 기술을 적극 활용하기를 권한다. 자료나 메일을 영어로 작성하거나 직접 구두로 발표하는 일은 영어가 서툰 사람에게 어려운 일이다. 그럼에도 외국인과 비즈니스를 해야 하거나, 영어로 커뮤니케이션하고 싶은 사람이 있다. 그럴 때 요약의 기술은 상당한 도움이 된다.

우선 요약의 방식으로 내용을 정리하면 정보량이 줄어들기 때문에 영어가 서툰 사람도 간결한 영어로 상대에게 정확한 내용을 전달할 수 있다. 나는 20대 중반 실리콘밸리에서 일을 시작했는데, 모국어를 쓸 때보다 영어로 커뮤니케이션을 할 때 더욱 적극적으로 요약 방식을 활용했다. 짧은 말로 내용을 확실하게 전달할 수 있었기 때문이다.

영어가 서툰 사람일수록 이런 저런 말을 덧붙여 설명하려다 보니 장황하게 내용을 열거하는 경향이 있다. 그러나 영어가 서툴면 서툴수록 많은 내용을 열거해서 전달하는 것보다 간결한 항목으로 짧게 정리해서 전달하는 것이 효과적이다.

가령 자신이 회사의 인사부에서 사원 연수를 담당하게 되었다고 하자. 해외 지사의 사원에게도 의견을 구해야 해서 다음과 같이 메일로 연락을 취했다(보기 67). 내용이 흥미롭거나 몸이 피곤하지 않을 때라면 기꺼이 읽을 마음이 들 것이다. 하지만 그렇지 않다면 핵심이 머릿속에 바로 들어오지 않아 그냥 넘겨 버릴지 모른다. 이럴 때 요약하기를 사용하면 다음과 같다(보기 68).

내용은 완전히 똑같지만 요약을 하는 것으로 특히, 구조화의 효과로 'To apply'가 큰 줄기가 되어 시선을 끈다. 본래의 글에는 연수가 선발식이라는 내용 등이 도입부에 쓰여 있었지만, 첨부된 자료를 읽으면 되는 사항이므로 생략했다. 그로 인해

제목 | Marketing Training Program kick-off

Dear All,

I am pleased to announce the start of Marketing Training Program. The program is offered to aid talented individuals in their professional development.

There is no "formula" or specific selection criteria.
Approval will be granted based upon judgment of performance and potential.
please understand that acceptance into the program is highly selective.
To apply this program, please compete the attached application.
You need to submit your application to me by January 9th.
If you have any questions, please discuss them with me.
Key program provisions can be found in the attached document, including program details, Selection process, and Schedule.

We look forward to receiving applications.
Best regards,

Mikkito

'To apply'가 한층 더 눈에 띈다.

이렇게 요약한 메일을 보는 사람은 '어떤 참가 기회가 있는 거지?'라고 흥미가 생긴다. 결과적으로 해외 지사의 사원에게 도 확실히 내용이 전달되어 연수에 참가하는 사람이 늘어날

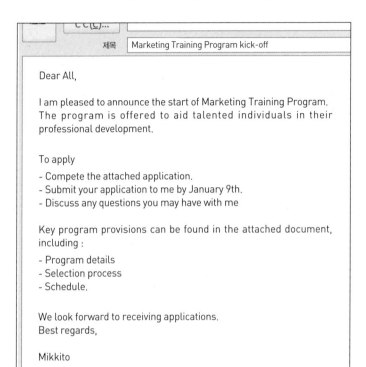

제목 | Marketing Training Program kick-off

Dear All,

I am pleased to announce the start of Marketing Training Program.
The program is offered to aid talented individuals in their
professional development.

To apply
- Compete the attached application.
- Submit your application to me by January 9th.
- Discuss any questions you may have with me

Key program provisions can be found in the attached document,
including :
- Program details
- Selection process
- Schedule.

We look forward to receiving applications.
Best regards,

Mikkito

수도 있다.

실제로 전 세계에 거점을 가지고 있는 글로벌 회사에서는 모
국어가 영어가 아닌 직원이 다수를 차지하고 있을 때 항목 형태
로 내용을 요약해서 사내 메일로 연락하는 방식이 일반적으로

사용된다.

요약이 능숙할수록 영어로 커뮤니케이션하는 능력이 향상된다. 즉 압축·요약의 기술은 커뮤니케이션을 숙달하는 지름길이며 전 세계로 가는 패스포트라고 말할 수 있다. 압축·요약의 기술을 알고 있기만 하는 것은 아쉽다. 커뮤니케이션에만 능숙해지는 것도 아쉽다. 압축·요약하기 기술을 갈고닦아 전 세계의 사람들에게 자신의 생각을 전달해보자.

요약한 각 항목을 단락의 골자로 삼아

패러그래프 라이팅을 하면

글의 논리 구조가 탄탄해지고

글쓰기의 질이 향상된다.

압축·요약의 기술은

커뮤니케이션에 대한 다양한 방식을

질적으로 개선하고 전달과 설득의 힘을

높이는 든든한 토대다.

위기에서 나를 구해준 것은 언제나
요약의 기술이었다

우리는 요약의 힘을 얕보고 있다. 이것이 이 책을 집필할 즈음해서 내가 인식한 과제였다. 요약은 온갖 커뮤니케이션의 출발점이다. 하지만 요약하는 방법을 제대로 배운 사람은 많지 않다. 결국 안타깝게도 요약이라는 쓰기 방식은 하찮게 여겨져 본연의 잠재력을 발휘하지 못하고 있다.

마지막으로 개인적인 이야기를 좀 더 할까 한다. 나는 요약의 기술 덕분에 여러 번 구제받았다. 엔지니어 출신이었던 나는 인시아드의 MBA 프로그램에서 배우는 모든 것이 새로웠고, 그래서 하루하루가 흥분으로 가득찬 나날이었다. 그러나 그만큼 수업시간에 하는 토론이 힘들었던 것 또한 사실이다. P&G의 마케터였던 친구와 마케팅 수업에서 토론하기, 외국계 컨설턴트 출신인 친구와 전략 수립 수업에서 토론하기, 투자은 행 출신인 친구와 파이낸스 수업에서 토론하기 등의 과정을 거 쳤지만, 엔지니어 출신인 나는 전문 지식도 실무 경험도 결정 적으로 부족했다. 그럴 때 언제나 나를 구해준 것이 요약의 기 술이었다.

실리콘밸리에서 업무를 함께 했던 500명 이상의 기업가가 보 여준 프레젠테이션과 제안 자료에서 요약이 가진 힘을 경험적 으로 이해했다. 요약의 기술과 마찬가지로 실리콘밸리의 기업 가에게 직접 배운 프레젠테이션 진행 방식을 전부 적용하며 프 레젠테이션 슬라이드를 만드는 연습을 거듭했다.

당연히 처음 슬라이드와 마지막 슬라이드는 항목 형태로 요 약한 내용이었다. 내가 한 프레젠테이션은 항상 호평을 받았 다. 요약의 힘을 몸소 깨달은 것은 그때가 처음이었을지도 모 른다. 요약의 기술이 없었다면 MBA에서의 생활은 더욱 어렵 거나 혹은 지루했을 것이다.

외국계 컨설팅 업계에서도 요약의 기술은 큰 힘이 되었다.

최종 보고서의 첫머리에는 항상 항목 형태로 정리한 요약을 붙였다. 클라이언트가 지나온 과거와 현재와 미래, 그 모든 것을 예상해서 내가 전달할 수 있는 나만의 해결책을 성심성의껏 정리한 것이었다. 프로 컨설턴트로서 다양한 클라이언트를 만나고 문제를 해결하며 함께 기쁨을 누린 동시에 스스로를 계속 성장시킬 수 있었다. 간결하고 매력적으로 전달하는 요약의 기술이 있었기에 가능했던 일이다.

그리고 외국계 컨설팅 업계에서 컨설팅 업무를 진행했던 경험에 더해 도쿄 농공대학의 강단에 설 기회가 찾아왔다. 프레젠테이션 수업에서는 슬라이드 작성이나 발표 방법뿐 아니라 스토리 라인을 만드는 방법도 가르치고 있다. 스토리 라인을 만드는 방법은 그야말로 요약에서 시작된 것이다. 내가 가르치는 요약의 기술을 습득해 도움을 얻고 개인 역량을 발전시켜 나가는 학생들을 보면 더할 나위 없는 기쁨을 느낀다. 요약, 그것도 간결하고 매력적으로 전달하는 압축 · 요약의 기술을 익히고 활용하는 사람이 한 명이라도 늘어나기를 바라며 본분에 임하고 있다.

이 책에는 내가 느꼈던 요약하기에 대한 과제 인식과 그것에 대한 나만의 처방전을 정리했다. 이런 생각과 기술을 정리할 기회를 얻은 것은 행운이었다. 이 책의 집필은 도요게이자이신보사의 계간지 《Think!》에 기고했던 일이 발단이었다. 발표할 기회를 주신 분들과 집필 및 출간에 도움을 주신 많은 분들에게 고마운 마음을 전하고 싶다. 도쿄 농공대학의 동료 하타케야마 유지 씨에게도 감사드린다. 함께 의논하면서 이론언어학의 시점에서 피드백 해주신 것은 매우 귀중한 자료가 되었다.

마지막으로 40대에 들어섰어도 변함없이 제멋대로 살아가는 나를 유쾌하게 지켜봐 주는 아내와 두 딸에게 깊은 고마움을 전한다.

스기노 미키토

군더더기 없이
핵심만 담는
쓰기의 기술

1판 1쇄 | 2018년 7월 23일
지 은 이 | 스기노 미키토
옮 긴 이 | 정 지 영
발 행 인 | 김 인 태
발 행 처 | 삼호미디어
등   록 | 1993년 10월 12일 제21-494호
주   소 | 서울특별시 서초구 강남대로 545-21 거림빌딩 4층
         www.samhomedia.com
전   화 | (02)544-9456(영업부) / (02)544-9457(편집기획부)
팩   스 | (02)512-3593

ISBN 978-89-7849-582-0 (03320)

Copyright 2018 by SAMHO MEDIA PUBLISHING CO.

이 도서의 국립중앙도서관 출판예정도서목록(CIP)은
서지정보유통지원시스템 홈페이지(http://seoji.nl.go.kr)와
국가자료공동목록시스템(http://www.nl.go.kr/kolisnet)에서 이용하실 수 있습니다.
(CIP제어번호: CIP2018019184)

출판사의 허락 없이 무단 복제와 무단 전재를 금합니다.
잘못된 책은 구입처에서 교환해 드립니다.